LAISSEZ-NOUS FAIRE !

DU MÊME AUTEUR

Aux Éditions Grasset

1+1+1..., essai
Le Roman des Jardin, roman ; Livre de poche
Chaque femme est un roman, roman ; Livre de poche
Quinze ans après, roman ; Livre de poche
Des gens très bien, roman ; Livre de poche
Joyeux Noël, roman ; Livre de poche
Mes trois zèbres ; Livre de poche
Juste une fois, roman

Aux Éditions Gallimard

Bille en tête, roman (prix du Premier roman 1986) ; Folio
Le Zèbre, roman (prix Femina 1988) ; Folio
Le Petit Sauvage, roman ; Folio
L'Île des gauchers ; Folio
Le Zubial, roman ; Folio
Autobiographie d'un amour ; Folio
Mademoiselle Liberté, roman ; Folio
Les Coloriés, roman ; Folio

Aux Éditions Flammarion

Fanfan, roman ; Folio

ALEXANDRE JARDIN

LAISSEZ-NOUS FAIRE !

ON A DÉJÀ COMMENCÉ

Manifeste pour les Faizeux

Pour Thomas,
vrai Faizeux !
Amicalement
Alexandre.

Robert
Laffont

ISBN 978-2-221-15915-6

À mes enfants,
Hugo
Robinson
Virgile
Roma
Liberté

et à ma belle-fille.

Nous vous laisserons une France
adulte et sûre d'elle-même.

« Laissez-nous faire ! » déclara François Le Gendre – un marchand malouin – à qui Colbert demandait ce que l'État devait faire.

François Le Gendre représente ceux qui se prennent en main, qui passent à l'acte, ceux que j'ai appelés les Faizeux. Aujourd'hui, ils ne sont plus seulement marchands mais militants associatifs, entrepreneurs – de l'économie sociale et solidaire, collaborative ou classique –, fonctionnaires qui agissent, étudiants actifs, retraités suractifs, enseignants tenaces, maires obstinés, agriculteurs, employés, cadres, commerçants, salariés ou indépendants ou encore parents qui ne lâchent rien.

Avertissement

Ce livre en colères et positif n'engage que moi. Les Faizeux rassemblés sur le site bleublanczebre.fr ne sont en rien liés à mes opinions. Nous sommes des zèbres en liberté et souhaitons tous le demeurer. Mais dans l'action civique pour tous et par tous, nous sommes capables d'effacer nos différences de pelage !

Le problème, c'est nous

Toute ma vie, j'ai eu peur de me perdre dans ma passion pour la France. Timoré, je craignais d'être emporté par l'altruisme politique qui m'a empoigné dès mes treize ans. Je redoutais que cette fièvre me conduise à un choix irrévocable, écrasant. Je tremblais que cet amour exorbitant empiète sur ma vie amoureuse, esquinte ma sensibilité et saccage mon sort personnel. Égoïste, je paniquais à l'idée que ce vieil appel m'empêche de continuer à écrire les folies que me dicte mon imagination. Père par toutes mes molécules, j'avais une trouille extrême que mes enfants souffrent un jour de mon ardeur civique. Et puis, je ne voulais pas perdre ma confiance ensoleillée dans l'Homme au contact du cynisme politique ; et finir vinaigre, moralement détérioré et décharmé de tout ce qui compte par un milieu sans joie qui tient la capacité à tuer pour une haute vertu.

Alors j'ai longtemps porté un masque de romancier. Je corrigeais le réel par écrit au lieu de le remanier. Je restais au bord de moi, avachi dans une vie d'écrivain. Je publiais pour ne pas agir politiquement, par confort et, disons-le, couardise. J'affectais d'être rieur et affichais une trompeuse légèreté. Il me fallait attendre l'heure difficile, effarante, où je sortirais de mon cadre confortable pour rendre service aux désemparés de mon pays, en forçant le destin. On me croyait fleur bleue, je méditais les *Mémoires de guerre*[1]. On me supposait lecteur du bouillant Musset, je ruminais les biographies des furieux qui, jadis, mobilisèrent leurs capacités pour faire sortir la France de son cadre obsolète du moment : Louis XI, Richelieu, les Conventionnels effervescents et les suivants qui désobéirent à la fatalité. On m'imaginait rêveur et accaparé par des trouvailles sentimentales, je fomentais depuis quinze ans déjà une révolution civique et collaborative. On me voyait pérorant au Café de Flore, je fréquentais (avec fièvre) le monde associatif. Je passais pour un ludion papillonnant, un seul centre d'intérêt s'imposait d'autorité à mon esprit : la fragilisation de mon pays, l'évidente montée des rages et notre incapacité à foncer vers une société de la confiance. Mes premiers textes écrits à treize ans furent non des sonnets d'amoureux mais de vibrantes constitutions, manière de déclarer ma flamme à la France. On me disait ouvert à tous, j'évaluais avec méticulosité celles et ceux qui, par leurs actes bienveillants, avaient d'ores et déjà gagné une légitimité pour aider notre peuple à se tirer d'affaire. Dissimulé, je repérais les élites de rechange capables

1. De Charles de Gaulle.

d'accomplir des ruptures, identifiais les grands vivants assez dingos pour réveiller bientôt la nation et détourner fermement le cours de l'Histoire. Avec discrétion, je me bronzais le cœur et agissais sur le terrain – on le verra – pour engager, un jour très prochain, un recommencement national.

Mais ma frousse me gouvernait. Je repoussais ma vérité et demeurais comme désactivé, livré aux pantomimes de la vie littéraire, en attente de ma vocation réelle.

Pour jeter le masque, manquait le moment où la nécessité publique serait plus forte que mes trouilles privées. L'instant où je ne supporterais plus de vivre une époque nulle, droguée au déni permanent et shootée à l'ironie parisienne. Alors que nous sommes au seuil d'une renaissance inouïe portée par la France qui se prend déjà en main ! Manquait le choc qui me conduirait non à prendre le pouvoir mais à en donner beaucoup à ma société si féconde ; car dans mon cœur il n'a jamais été question que de cela : donner de la puissance aux autres, pas en accaparer, et faire confiance à l'énergie des gens. Le vrai pouvoir, désormais, est d'accroître celui d'autrui, d'aider les simples citoyens à prendre le contrôle de leur vie. Il fallut une rage absolue qui, un matin de mai 2013, me réveilla de quarante-huit ans de dérobades. Et ralluma brusquement mon caractère.

Je me trouvais seul en voiture, ce jour-là, maussade d'être français et aigri de n'avoir encore rien accompli de décisif pour autrui. De toute évidence, la France avait oublié l'art de jouir de l'existence, son sort n'était plus un roman nouveau. Et je ne parvenais pas à admettre cet enlisement : *la France doit gagner, montrer l'exemple*. L'opium de mes ouvrages ensoleillés ne suffisait déjà plus à me faire négliger l'écume grise de l'actualité. À la radio, un bavard inactif pourfendait les politiques. Ce parleur ardent constatait que l'étatisme de droite (sarkozysme première époque, vertement congédié par la nation) et l'étatisme de gauche (suite du premier, pas encore chassé) avaient dissous notre pacte républicain, ruiné le crédit de la parole publique, aboli notre croissance, naufragé l'égalité des chances, anéanti l'optimisme de toute notre société et, finalement, produit un monstre : un Front national conquérant – ultime version cauchemardesque du vieil étatisme tricolore. Le verbeux assis clamait que le FN, né du cynisme de Mitterrand, s'était nourri de nos esquives accumulées : de l'immobilisme de Chirac, du réformisme factice de Sarkozy et du rien de Hollande. Mon causeur tonnait que trente ans de pleins pouvoirs monopolisés par les énarques de gauche et de droite = une République amère = un naufrage sans fin = un FN dominateur. Et soudain, moi, l'écrivain souriant, je suis devenu un bloc de colère.

Ras le bol de cette société civile plaintive, obéissante et courbeuse d'échine ! J'eus soudain honte de notre peuple spectateur de sa morosité, incapable de s'émanciper de ses élites décalées et prompt à la reptation devant des partis cuisinards, colonisés par une haute administration dont les axiomes périmés ne sont que des apories. Marre absolument d'être de cette rue lâche qui se fait rouler à chaque scrutin, docilement, en reconduisant les mêmes incapacités plutôt que de prendre le pouvoir sur sa vie !

J'eus envie de crier à cet indigné radiophonique : le problème n'est pas la classe politique nationale mais NOUS, les citoyens obéissants ! Nous qui, par esprit moutonnier, avons accepté jusque-là de rester dans le cadre. Vous, moi, NOUS TOUS qui, à chaque élection, signons des chèques en blanc à des partis que nous tenons en piètre estime, nous qui avec légèreté avons laissé à ces gens-là les coudées franches pendant des décennies. Nous, les électeurs qui craignons si vite d'être taxés de populisme par les bonnes âmes (effarant comme ce mot habile, disqualifiant le vote populaire et bafouant tout de même les gens, aura rendu lâche) plutôt que d'assumer notre désir légitime de renverser la table. La vérité est bien là, hélas peu glorieuse : nous avons tous lâchement obéi à des bureaucrates hors-sol, à des conseildétateux fâchés avec le sens commun, à des médiocrités convaincues que chaque problème est soluble dans une solution technocratique. C'est bien nous qui avons accepté que ces mini-Colbert[1] regardent l'État comme leur fief propre et le pouvoir central de notre République comme un accessoire de leurs diplômes. Nous qui les avons laissés obérer les comptes de notre nation et saborder l'avenir de nos enfants (ces génies

1. J'abuserai de cette expression ironique qui contient toute ma colère contre la façon lugubre et tempérée d'envisager la vie qu'ont nos chers énarques ! Leur culture administrative conquérante – si éloignée de celle de l'action – éteint la France, la fâche avec sa joie désordonnée mais féconde. Au fond, les mini-Colbert rêvent d'un pays entièrement à leur image.

surcompétents laissent notre jeunesse écrabouillée par plus de 2 000 milliards de dette publique !). Nous encore qui tolérons que le ministère des Finances – sans arracher le scalp des responsables – ait flambé 346 millions d'euros de nos très chers impôts (soit de quoi rémunérer 135 500 fonctionnaires par an) dans un programme informatique pour payer des salaires des agents d'État qui... ne marchera pas ! Les rapports acides de la Cour des comptes sont obèses d'exemples de ce genre restés impunis. Prompts à la défausse, nous avons même consenti à respecter leurs normes proliférantes qui garrottent toutes nos initiatives et assèchent nos ardeurs.

Par nous, j'entends moi Alexandre, vous qui me lisez, nos jeunes, les professions libérales, les syndicats en vrac, les patrons et tous les corps intermédiaires qui ont gaillardement collaboré avec un système politico-administratif qui liquide la vitalité des citoyens et ratatine le plaisir de vivre ensemble. Pourquoi ces derniers n'ont-ils jamais pratiqué ce que Gandhi recommandait : la non-coopération devant l'inacceptable, au lieu de s'en accommoder ! Servilement, nous avons laissé une escouade de petits-gris solidaires entre eux transformer un des plus grands peuples de l'Histoire en une masse domestiquée, obéissante, dépressive et honteuse d'elle-même. Comment une telle démission générale face aux mini-Colbert a-t-elle été possible ? Il est tout de même fou que tant de vivants se soient soumis à des morts vivants !

Soudain, une autre évidence m'a sauté à la figure et empourpré d'émotion : si les citoyens sont le nœud du problème, ils sont aussi leur propre et seul recours. Personne ne peut prétendre être *la solution* mais chaque citoyen *agissant* – ces merveilleuses créatures que j'aime appeler des *Faizeux* par opposition aux Diseux – est un morceau de la solution. Si une masse significative de Faizeux intrépides prend en charge les problèmes concrets du pays et n'attend plus rien d'en haut, recommencer ce pays est possible – et va l'être sans délai. Nous sortirons alors de cette mortelle stagnation, de l'invraisemblable sujétion mentale et morale de la société civile à la volonté des partis dirigistes. Ne l'oublions jamais : il y a soixante-dix ans, 30 000 Français libres désobéissants nous sauvèrent du déshonneur face à l'État compromis. Qu'on l'admette enfin : la vitalité française ne reviendra jamais par aucun parti ou on ne sait quel sauveur de rencontre mais par tous, pour tous ! Par les boulimiques d'action, les hors-cadres agissants qui rénovent les pratiques et les détourneurs du cours de l'Histoire !

Au volant de ma vieille guimbarde, ce jour-là, je me suis souvenu de cette phrase requinquante de Churchill : « J'aime qu'il se passe quelque chose ; et s'il ne se passe rien, je fais en sorte qu'il se passe quelque chose ! »

J'ai donc décidé de *faire ma part*, d'entrer dans une éruption d'initiatives civiles et d'enthousiasme solidaire, d'envoyer valdinguer mes peurs et de me purger de ce qui me reste (hélas) de prudence. Pour faire enfin corps avec ma parole. Pour désobéir à mon tour à la fatalité et délivrer ma joie de citoyen. L'inconséquence des partis étatophiles, ce désastre au ralenti, m'a mis en forme. Écœuré par moi-même, par ma si longue soumission, j'ai résolu de convertir mes râleries en activisme civique de forte ampleur, et la société civile française en une puissance politique centrale.

Comment ?

En osant pour et avec les gens une tout autre stratégie, entièrement tournée vers l'action. En ne fondant surtout pas un énième parti politique prétendument neuf ou un *think tank* empilant des rapports mais un vaste *do tank* citoyen capable de mener tout de suite une révolution solidaire ! Afin de passer à l'acte avec zèle, localement, là où nos vies se gagnent ou s'épuisent, sans rien attendre de la France des ministères. En fédérant les as de l'intérêt commun qui œuvrent déjà : tous ceux qui, campés sur leur bout de territoire, mettent en place des solutions et savent donc *comment s'y prendre*, les Faizeux, pas les Diseux, ceux et celles qui par leurs actions de rupture ont gagné d'ores et déjà ce que les partis ont perdu : du crédit moral. Rameutons les vivants crédibles qui *font déjà leur part* : entrepreneurs classiques ou de l'économie sociale et solidaire, fonctionnaires très innovants, militants associatifs inventifs ou mutualistes inapaisables capables d'exercer le plus grand des pouvoirs : AGIR PAR SOI-MÊME. Rallumons vite la lumière par en bas et surprenons l'Histoire ! L'espérance au bois dormant n'est pas morte ; mais elle ne peut plus se faire réveiller par l'État engourdi. En France, le verbe FAIRE ne loge plus à l'Élysée depuis des lustres.

Une fraction fuyante et conformiste de moi aspira jusqu'à il y a peu encore, je l'avoue, aux solutions illusoires. Docilement, je continuais d'espérer vaguement dans le système vertical. Difficile de se guérir d'un coup du mythe du sauveur, de la croyance que l'État est synonyme de pouvoir réel. Dur également de croire en la puissance totale de la bêtise. Et si, au bord du gouffre, les partis énarchisés commençaient à se remettre en question, à se dégager de leur culture bureaucratique issue de la haute fonction publique protégée ? me disais-je. Et si leurs leaders renonçaient au cynisme qui leur chuchote « ne changeons surtout rien à notre cuisine habituelle, il suffit d'être au second tour face au FN pour se refaire » ? Et si, touchés par je ne sais quelle grâce, ils renonçaient à leurs solutions administratives et révisaient le rôle, si chiche, accordé à la société civile, cette puissance endormie ?

Hélas, l'impensable advint.

Lors des élections européennes de mai 2014, mes dernières espérances ont flanché. Je dus alors admettre que si la société civile adulte ne se mobilise pas, tout cela va très mal finir.

Que s'est-il donc passé le 25 mai 2014 ?

Notre République a essuyé un dernier tir de sommation avant la dérouillée finale ; et les événements sanglants de janvier 2015 n'y changeront rien. Point n'est besoin d'être un romancier pour le projeter. La déchirure fatale entre la nation et l'Europe, le peuple inécouté et ses élites politico-administratives, les chômeurs et ceux qui accumulent de gras profits *off shore*, a atteint un point de non-retour. Ce soir-là, les écrans de télévision n'ont pas pu faire autrement que d'afficher l'ampleur exacte de la révolte populaire, sans que nos médias stabilisateurs soient parvenus à faire écran. Les citoyens excédés ont alors signifié froidement leur non-coopération avec « le système » en faisant la grève du vote (57 % des électeurs ont déserté les urnes) ou en utilisant massivement l'arme du bulletin de vote du Front national (25 % des suffrages exprimés, virant en tête). Le discrédit des partis républicains a été hurlé par les urnes. Et la classe médiatique parisienne, ce soir-là, n'a pas été en mesure d'atténuer le cri des sans-voix, des méprisés de tout poil, des non-invités aux joies de la mondialisation. Soudainement, le système autiste a tapé le mur du réel. Le locataire piteux de l'Élysée s'est retrouvé disgracié par l'ex-peuple de gauche (13,9 %... soit rien). Un carnage. Quant au score maigre (21 %) réalisé par ce qui était naguère le principal parti de droite, il signifiait que la droite républicaine ne peut plus prétendre incarner le retour automatique du balancier électoral. La vieille mécanique est enrayée. Le pays réel se cabre, défie ses élites et se rebiffera désormais sans frein. S'est alors soldée, rudement, l'inexplicable couardise de Nicolas Sarkozy – ce partisan très énergique de l'inaction – pendant cinq années occupées à calfater et à maintenir un système dirigiste, déclassant pour notre économie, et calamiteux pour les classes modestes. Le fond désemparé du peuple a clairement exprimé qu'il ne peut plus croire en des individus qui, sans en avoir le rouge au front, promettent de faire demain la « rupture » qu'ils n'ont pas réalisée hier. C'est aussi violent que cela. La distance qui, le 26 mai 2014, a séparé l'UMP du FN, ce nouveau colosse, mesurait cette défiance glaçante. C'était entre 2007 et 2012 qu'il fallait tenir parole, bousculer hardiment le réel et désobéir aux énarques. Ce soir-là, la pusillanimité inouïe des mini-Colbert de la droite républicaine s'est payée comptant. Et la France qui parle à mots feutrés à la télévision s'est trouvée supplantée par celle qui parle dru sur Internet.

Et que s'est-il produit dans les partis à l'issue de ce coup de tonnerre, au moment où le destin retient son souffle ?

RIEN.

Je dois dire que ce constat terrifiant – dans ses implications que nous devrons assumer, nous les citoyens – fut l'une des plus grandes surprises de mon existence.

Aussi extraordinaire que cela puisse paraître, le cri d'angoisse du peuple en colère n'a eu strictement AUCUN effet sur nos partis républicains branlants, experts en déni et en réflexes pavloviens. Les a-t-on vus déborder d'idées neuves sur la façon de repasser à l'offensive, s'engouffrer dans la révolution collaborative qui secoue la société ? Ont-ils considéré cette montée du FN comme une opportunité de changement ? Aucun de ces fossiles n'a eu à cœur de réinventer son offre. Ont-ils renoncé à répondre à des questions posées au XIXe siècle avec des méthodes technocratiques verticales du siècle dernier ? Tout cela paraît insensé mais rien n'a semblé déranger leur pensée assoupie. Le PS est resté à ses rhumatismes, dominé par ses mini-Colbert sûrs d'eux-mêmes et de l'éblouissante supériorité morale qu'ils s'accordent. L'UMP, macérant dans ses routines intellectuelles, s'est contentée d'essayer d'apurer son passé véreux et de se trouver un Bonaparte de circonstance, obstinément dirigiste. La nomination d'un Manuel Valls sans véritable portée – désamorcée aussitôt par son tuteur résolu à l'irrésolution – fut la seule réponse du système français né après la guerre à la déclaration de défiance généralisée. C'est proprement hallucinant. Hollande a répondu à côté de la question, *en demeurant à l'intérieur du cadre mental qui est le sien* au moment précis où il fallait impérativement sortir du cadre. Et désobéir à toutes les doctrines avec ardeur ! On hésite à le dire, mais c'est un fait : l'aptitude au ronronnement est demeurée intacte, les lourds schémas mentaux qui gouvernent l'action publique n'ont pas varié d'un iota. Quelle stagnation mentale générale ! Rarement on vit partis investir aussi peu de confiance dans un peuple et espérer continuer à en recueillir des dividendes de fidélité. Comme si la politique, pour ces gens-là, c'était véritablement durer, vieillir dans des organigrammes qu'ils feignent de contrôler. Personne ou presque dans les allées de l'énarchie n'a songé sérieusement à modifier les rapports verticaux que ces appareils entretiennent avec une nation qui fonctionne désormais de manière horizontale – alors qu'il nous faut d'urgence passer d'une société de spectateurs de leur déconfiture à une société d'acteurs libérés ! En pariant à fond sur l'ingéniosité des gens qui se bougent et en tirant le maximum de profit de la vague technologique qui fait naître une société collaborative, portée au partage. Le système est une digue qui ne peut pas empêcher la vague. Faisons-en une vague positive pour tous ! Le peuple des Faizeux – ces atouts maîtres pour le pays – piaffe et exige un grand rôle, à la mesure exacte de ses talents.

Pour garder l'affection de sa moitié, mieux vaut lui proposer un rôle majeur dans votre vie. Personne n'aspire durablement à celui de potiche. Les Français ne veulent plus que l'on agisse *sans eux* ou comme malgré eux. Et si votre femme ou mari en est à déjà forniquer ailleurs, je vous conseille vivement de tout remettre en question – sinon, il ou elle se carapatera. Dès lors, l'hypothèse impensable devient chaque jour plus plausible : si la société civile ne change pas drastiquement la donne politique dans un délai très court en désobéissant à ses vieilles fidélités, Marianne finira par coucher avec le FN, pas parce qu'elle en rêve mais parce que nos partis se seront conduits comme de vieux maris perclus d'habitudes et sûrs de la posséder pour toujours[1].

Si cela advenait, nous sortirions alors du cadre républicain qui, quoi qu'on en dise, tente d'assurer l'inclusion de tous.

Profondément affecté par l'indécente léthargie du centre, de la gauche et de la droite supposément

1. La mobilisation du 11 janvier 2015 n'a rien fait pour enrayer cette spirale, quoi qu'aient pu se raconter nos médias parisiens hypnotisés par l'illusion d'un *sursaut républicain général* qui, dans les faits, ne toucha ni les banlieues en sécession ni les classes populaires entrées en indifférence. Une illusion, même rabâchée à grands tam-tams de presse, ne fait pas une vérité. Pour preuve, les 49 % de la candidate FN au second tour de l'élection législative partielle du Doubs, dès février 2015.

de gouvernement (on se pince pour ne pas rire de désespoir), j'ai donc décidé de sortir du cadre de ma vie tranquille pour aider à ce que se lève partout en France, dans le sillage des Faizeux, une vague d'espoir concret. Opérationnel. En investissant dans mon action le pécule de mon crédit de militant associatif.

Fumant de colère, j'ai eu alors envie de hurler à mes contemporains :

Désobéissez à votre propre lâcheté ! Soyez victorieux !

Désobéissez aux dirigistes routiniers qui vous soumettent ! À une société de l'interdiction, de la non-confiance ! Aux empêcheurs d'oser ! Aux champions de l'aigreur qui ricanent de l'honnêteté et se gaussent ouvertement de la candeur !

Désobéissez à tout ce qui empêche en France de respirer largement, exagérément et collectivement ! Courons vite à la liberté d'être soi et ensemble !

Désobéissez à toutes les fatalités qui conduisent, inexorablement, le FN à l'Élysée ! Au nez et à la barbe d'une classe médiatique qui, occupée d'entre-soi, n'a toujours pas pris la mesure exacte du danger qui peut ébranler la France dans ses fondements. Le baromètre politique n'est plus du tout à la modération.

Désobéissez aux élus qui se croient habilités par le destin à faire le bien !

Désobéissez à la doxa que l'on enseigne sans périr de honte à Sciences-Po (j'y ai acquis tous les rhumatismes de ma propre réflexion) ! Au vocabulaire de l'impuissance que diffuse cette école qui forma tous les leaders de notre déclassement mondial ! Au funeste esprit de pondération et de prudence qu'elle récompense sans rougir ! J'y suis allé : on y apprend certes bien des choses mais pas à prendre le pont d'Arcole !

Désobéissez aux énarques qui veulent administrer toutes nos professions, les unes après les autres (notaires, huissiers, médecins, etc.) pour fabriquer un pays à leur image !

Désobéissez à tous les adeptes frénétiques du déni !

Désobéissez à tous les principes de précaution qui font de la France, pays de la liberté, une vaste compagnie d'assurances !

Désobéissez sans vergogne aux partis momifiés qui ne vous représentent plus et prétendent encore, après tant de pilées, incarner votre sensibilité !

Désobéissez à la classe politique nationale qui, avec un sacré culot, vous fait à chaque scrutin honte si vous ne votez pas pour son monopole de l'action publique !

Ce livre dessine un chemin de désobéissance positive, constructive et solidaire, un *mode d'emploi* à la portée de tous. D'autant plus nécessaire après les 7, 8 et 9 janvier 2015 de sang et après le sursaut républicain qui s'est dessiné dans les jours suivants. Quelque chose de durable doit naître de tout cela.

En ce qui me concerne, je m'y mets avec fièvre en assumant désormais *ma part* d'action civique. Au risque de passer pour un aventurier à l'impulsivité brouillonne, parfois dans l'outrance ; et alors même que je n'ai ni l'expérience du monde ni l'imagination requise pour pallier les lacunes de l'inexpérience.

Plus personne ne fait confiance à la parole, fût-elle pertinente. Ma conviction est qu'il ne reste plus sur la scène nationale, en matière de force motrice, que celle des Faizeux. N'existe plus que le crédit de ceux qui ne promettent rien car ils sont déjà engagés dans une œuvre d'intérêt général.

Mais, par pitié, cessez de conspuer les appareils politiques tout en leur obéissant. Le problème désormais, ce n'est plus eux, c'est vous. Continuerez-vous à voter pour eux sans poser de fermes conditions ?

Dans les vingt-quatre mois à venir, serez-vous civiquement inerte ou actif ?

Ferez-vous *votre part*, en citoyen majeur ?

En somme, qui serons-nous vraiment, nous les Français ? Des effrayés qui se réfugieront dans un lâche soulagement derrière le panache défraîchi d'un Sarkozy qui, dans les faits, n'a jamais été un homme de rupture ? Des apeurés qui, par réflexe identitaire, serreront les rangs derrière un parti socialiste gorgé d'énarques dirigistes ? Des suiveurs de réflexes électoraux et des écouteurs de recettes technocratiques auxquelles plus personne ne croit ? Ou des adultes assez gonflés pour se jeter dans l'action civique avec foi ? Ma conviction est qu'il est totalement fou de rester engoncé dans la croyance que nos partis peuvent réparer la société sans l'implication effective du peuple. S'ils le pouvaient, ces handicapés moteurs l'auraient déjà fait. Alors aux actes, citoyens ! Agissez vous-mêmes, dominez les événements avec bienveillance lorsqu'ils sont inacceptables, battez-vous dans vos territoires !

Il n'y a aucune raison d'être découragé par le tour morose que prend notre destin collectif. Nous, Français, ne sommes jamais davantage au mieux de notre forme que lorsque nous avons l'épée dans le dos. L'après-Charlie nous oblige à une robuste grandeur. Il ne faut pas sous-estimer notre France. Sa fougue inflexible n'est pas morte et elle n'a jamais craint de s'aventurer bien au-delà de ce que l'on croit possible pour ressurgir vigoureusement. Nous traversons seulement une passe de stagnation car nous avons reconduit sans cesse – et avec une lâcheté inouïe, je le répète – des équipes technocratisées qui ont atteint les limites de l'incompétence. Le bonheur ne s'intéresse qu'aux peuples lutteurs qui se redonnent des cartes neuves. Rien ne fera obstacle au retour de notre grandeur, sinon nous-mêmes.

La République sans un peuple d'adultes, continuant à s'en remettre à des gens qui se croient investis par le sens de l'Histoire, ça ne marche plus du tout. Une révolution culturelle attend donc cette vieille nation trop habituée à la défausse car séculairement bâtie sur le recours à l'État central providentiel ; avec pour corrélation la démission du citoyen devant l'impéritie publique. Cette conviction intensément républicaine – que la population doit, partout dans nos territoires, se prendre en main car nous sommes désormais tombés trop bas pour déléguer le règlement de nos emmerdes aux seuls partis –, j'en ai fait ma fièvre. L'attente et la passivité face à l'arrivée d'extrémistes me sont devenues insupportables. Pas question de laisser la fille Le Pen capter la révolte française, et filouter une nation à bout. Hors de question, cette fois, de laisser la société civile se défiler encore et confier son sort à des machines électorales trop discréditées pour rameuter l'énergie des citoyens. Puisqu'il faut bien que quelque chose se passe chez les républicains de cœur, eh bien nous allons organiser une révolte positive et solidaire. En sortant du cadre ! La chance nous suivra, et les cyniques s'habitueront.

Une histoire de famille

Comment un écrivain peu rompu au pugilat politique s'est-il retrouvé dans cette galère ?

Tout a commencé l'été de mes quinze ans. Il pleuvait à l'excès. Je participais à un stage d'escalade à Serre-Ponçon, dans les Hautes-Alpes. Une fraîche gourgandine aux yeux noisette captait ma masculinité en éveil. On ne m'avait rien dit de la maladie tueuse qui liquidait les organes de mon père, alité à Paris. Rien. Mais, dans mon ignorance, j'ai senti quelque chose et, comme saisi par une urgence, lui ai écrit une lettre d'entêté, avec une absence totale d'inhibition. La lettre de ma vie. Je la ruminais depuis deux ans, depuis que ma trajectoire m'était apparue comme une évidence et que cette certitude, après avoir parcouru ma jeune cervelle, avait grossi comme une boule de neige.

Ce jour-là de juillet 1980, j'ai écrit à mon père que je prendrais un beau jour soin de la France. Avec une joie que rien ne calmerait.

Parce que la Providence m'avait infligé une saine dose d'inconscience et une confiance bizarre dans la vie. Parce qu'à un moment ce serait tout simplement inévitable d'arrêter le désespoir français. Parce que j'avais, par avance, le sentiment de n'exister que pour cette heure-là. Parce que je me devinais voué à échapper un jour à l'exiguïté du moi.

Mes feuillets lui parvinrent. Mon père notoirement fantasque, surnommé le Zubial, les lut avec émotion, sans douter que le romanesque le plus débridé fût dans nos gènes et qu'il m'ouvrît, de ce fait, toutes les portes du possible. Puis le moribond enchanté convoqua une poignée de ses amis capables de tout entendre sans ricaner, leur fit la lecture de mes aveux et m'en dit une seule phrase, brève mais nette, lorsque nous nous revîmes à Paris entre deux portes :

— Fais-le, mon chéri, mais seulement si tu y crois vraiment ! Fais-le !

Spectral, diaphane et ravagé de métastases, ce diable d'homme mourut le surlendemain, le 30 juillet. Je me trouvais en Suisse, chez ma grand-mère irréelle, à Vevey. J'étais prisonnier de cette lettre qui nous unissait. L'engrenage était lancé, le rendez-vous pris. Après des mots pareils, on n'est plus tout à fait libre.

J'avais eu le temps de dire au Zubial l'essentiel : non ce que j'allais faire exactement mais qui je voulais être. Et comment j'entendais employer la chance anormale qui veille sur mon destin. Il faut dire que le hasard s'est toujours bien occupé de moi. Que lui avais-je confié sur ces pages griffonnées ?

Que je rendrais à mon tour possible l'improbable, comme tous les Jardin. Que j'étais à jamais le fils de sa liberté, de sa façon hirsute et lumineuse de vivre hors cadres. Que j'attendrais le moment de notre Histoire où les cadres de notre pays ne fonctionneraient plus pour me frotter aux affaires de la nation, et m'atteler au seul livre qui vaille : le roman français. Que je ne me sentirais vraiment moi-même que ce jour-là. Et que je me préparerais toute ma vie à cette épreuve abrupte. C'est dire si j'étais déjà dingo, zubialisé, bizarrement certain que la Providence se conduirait proprement avec moi.

Je lui avais également précisé que je m'étais choisi un autre grand-père que son foutu père, Jean Jardin, directeur de cabinet de Pierre Laval à Vichy. Mon aïeul de cœur, lui, ne s'était pas vautré dans la misère morale de la collaboration. Il s'appelait Charles de Gaulle, le dernier cri en matière de culot national, une sorte de d'Artagnan irascible absolument conforme à l'idée chevaleresque que je me faisais de ma France. En de courtes phrases, j'avais avoué à mon père que je voulais tout devoir à la manière d'être de ce Charles-là, premier des Français vraiment libres, incarnation même de ces Faizeux pugnaces qui, pour faire mentir la fatalité, étaient passés à l'acte en se plaçant hors cadres, hors hiérarchies sociales. Et comme au-delà de la légalité honteuse du moment. Sans craindre de désobéir, d'être dénaturalisés par Vichy et spoliés de tous leurs biens.

Dans ces pages, j'avais également déclaré à mon père que je me sentais du lignage de Philippe Landrieu, le grand-père de ma mère, ami intime de Jean Jaurès (les compères échangèrent un petit peu leurs femmes, certains soirs de curiosité) qui fut longtemps l'administrateur du journal *L'Humanité*. Quand le phare Jaurès fut abattu par un crétin au café du Croissant, Landrieu déjeunait avec lui. La première balle de la gouape lui perfora la joue mais épargna son bel esprit de fondateur de boulangeries sociales et de caisses mutualistes. Le type d'action que les Faizeux socialistes de sa génération – si éloignés de la plupart de nos mini-Colbert actuels – accomplissaient alors pour la classe ouvrière, par conscience, pour *faire leur part*. Ces socialistes-là n'imaginaient pas que leurs convictions pussent rester sans implication personnelle et concrète. J'avais aussi expliqué au Zubial que j'avais besoin de rendre les projets audacieux mais irréalisables... audacieux et réalisables. En vrai Jardin, il me faudrait à toute force contredire le réel, le battre à plate couture.

Mais pourquoi diable tenir cette promesse de 1980, proférée un été pluvieux ?

Justement parce que je suis un Jardin.

Hélas, et je l'écris ici avec un vrai chagrin.

Je ne suis pas libre de ne rien faire.

Jean Jardin, dit « le Nain jaune », mon grand-père par le sang, fut bien d'avril 1942 à octobre 1943 le bras droit remarquablement efficient du chef du gouvernement d'un régime qui tria les hommes. À l'aube du siècle nouveau, je ne veux pas me dérober face au destin. Cette seule idée m'est physiquement intolérable.

À quarante-neuf ans, j'ai donc résolu de prendre la direction morale de cette lutte. L'incroyable carence de tous ces partis étant ce qu'elle est, je ne peux pas accepter qu'on laisse les clefs du pays à Marine Le Pen ni aux « gens très bien » qui la servent, décidés à trier les hommes sur la terre de France. Jamais je ne permettrai le retour de l'indignité. C'est impossible. Les suites pour notre peuple déjà mal en point seraient incalculables. En perdant pied moralement, nous perdrions, et pour longtemps, toute estime de nous-mêmes. Même si je ne confonds ni les époques obscures ni les contextes et sais parfaitement que l'Histoire ne se répète pas. Même si je vois bien que la finaude fille Le Pen n'est pas Pétain (qui, lui, jamais ne rallia le cœur des masses populaires de la gauche communiste). Même si je sais d'avance que les couards et les bobos aveuglés me taxeront d'exagération et de fascistophobie pathologique. J'assume gaiement. Oui, je flaire le maléfice. Même si je ne confonds pas – bien évidemment – « préférence nationale » et déportation vers des abattoirs humains. Même si je suis hautement conscient que la majorité des républicains veut à tout prix être rassurée, et se persuader que « tout se passerait bien » si le FN s'imposait. Dormez braves gens, mais n'oubliez pas que ce sont les dénis qui, de tout temps, ont permis les ignominies en établissant une horrible connivence entre les aveugles volontaires et les fripouilles. La malveillance des méchants a pour alliée la faiblesse des vertueux. Avec le FN, prêt à trier les hommes, il n'y a pas une différence de degré mais de nature.

Je hais ce parti qui incarne désormais l'hyperétatisme le plus rétrograde, le recours à tous les archaïsmes autoritaires dont raffolent les étatophiles et cette part de la classe ouvrière qui, sur fond d'angoisse viscérale devant la désindustrialisation, vomit le social-libéralisme de façade d'un Hollande.

Par cet étatisme décomplexé, le Front national est encore pire que la droite, le centre et la gauche réunis ! D'ailleurs c'est bien comme cela qu'il gagne du terrain : en rameutant la vieille nostalgie de l'État-recours, alors que c'est précisément notre étatisme prodigieusement inefficace et coûteux qui empêche la France des Faizeux de régler nos difficultés.

Et puis, disons-le, il y a dans les réflexes désespérément frileux de ce parti qui rêve d'épaisses lignes Maginot quelque chose d'antifrançais, de miteux, de contraire à l'esprit d'offensive qui a fondé notre grandeur. Ce n'est pas la peur qui a créé la France mais l'habitude de la victoire hors de notre périmètre. Être français, c'est se rebiffer dignement, c'est conquérir à toute force, pas se défendre ! Notre identité tricolore est là, dans la prise de risque. Et dans l'affirmation joyeuse de notre laïcité, pas dans la défense inquiète de nos valeurs !

Il y a peu encore, j'ai entendu des gens supposément informés me marteler avec condescendance : « ces poujadistes-là ne représentent qu'une indignation passagère, un prurit, un symptôme », « il est impensable que ces sagouins accèdent au pouvoir, soyez sérieux, ils n'ont aucune crédibilité ». À présent nous voyons bien que l'« impensable » s'établit, gagne ses titres de respectabilité, ne tire plus seulement des haussements d'épaules chez une part croissante des désabusés : la dame fait accéder sa faction au rang de premier parti de France qui capture des régions entières et incarne l'espoir en trompe l'œil de ceux qui n'en ont plus. Le « symptôme » est devenu puissance. Et très bientôt je le crains – l'incapacité du politique et surtout l'inertie des partis étant tout de même exemplaires –, il nous faudra sans doute apprendre à penser l'impensable, à voir ce que nous ne voulions pas admettre et que le peuple hurle : il ne veut plus obéir à cette classe politique ! Que diront alors les belles âmes embarrassées par ces très désagréables réalités ?

Eh bien je ne m'y résigne pas. Dans un ultime sursaut de santé morale nous obstaclerons ces malfaisants, ces exploiteurs de malheur !

Parce que le clan des Le Pen aurait quelque chose de Belzébuth ? Ou que Satan serait leur premier consultant ?

Non, parce que ces étatophiles dans l'âme ont bien l'intention d'instaurer une logique de tri des êtres humains avec leur « préférence nationale ». Dans les sociétés de HLM, sur le marché de l'emploi, partout où ils le pourront. On ne peut exagérer la gravité de ce genre de choix, capable d'embraser les rejets communautaires réciproques. Mettre le doigt dans cet engrenage, c'est tripoter un curseur qu'il est éthiquement interdit d'envisager. Le sens moral du monde s'y oppose. La grandeur de la République, c'est l'inclusion de tous, pas le tri des hommes présents sur notre territoire – avec, je le répète, le lot incontournable d'explosions de violence induites par cette folie qui attiserait les antagonismes et transformerait à coup sûr notre beau pays en canton de l'enfer. Moi, petit-fils de Jean Jardin, je vous le dis : nul ne sait jamais où le débat politique peut conduire les passions sombres d'une nation qui s'engage dans cette logique funeste. En période de forte émotivité populaire et d'allergie à l'assistanat, ouvrir cette possibilité, c'est jouer avec les haines, le fiel explosif des ressentiments. Les « gens très bien » qui jadis déshonorèrent la France m'ont appris que le pire n'a hélas pas besoin de monstres pour être commis – seulement de gens comme vous et moi dotés d'une morale et qui se persuadent de faire le « bien » avec quelque raison. Je dois vous l'avouer, leurs descendants en conçurent une honte ineffaçable.

La honte... voilà le mot incommode qui brûle en moi parce que je suis qui je suis, le mot salubre qui semble hélas avoir déserté notre classe politico-administrative. J'ai beau lire la presse, je ne trouve nulle part trace chez nos élus et nos mini-Colbert de ce sentiment qui jadis obsédait les consciences, de ce mot raide qui autorise toutes les désobéissances généreuses. Quand je lis que 15-20 % des enfants de mon pays entrent au collège sans savoir lire, j'ai personnellement honte. Entendez par là qu'en tant qu'adulte chanceux et écrivain, j'éprouve une culpabilité si forte devant cette capilotade que j'agis. Depuis toujours, j'endosse personnellement les affronts que la France essuie, surtout les défaites qu'elle s'inflige à elle-même. Par quel mystère nos chers politiques échappent-ils à cette douleur qui m'obsède ? Comment Nicolas Sarkozy et François Hollande parviennent-ils à demeurer imperméables à la honte d'avoir entretenu un « système », tout entier construit sur la défiance à l'égard des Faizeux, qui ne cesse de révolter la nation, d'exporter nos talents et de jeter les classes populaires dans les bras du FN ? Que l'on n'aille pas me seriner que cette maladie morale serait une qualité professionnelle ! Comment Hollande, plutôt brave homme, parvient-il à se protéger de ce sentiment lorsqu'il annonce l'inversion de la courbe du chômage et que tout s'aggrave ou ne s'arrange momentanément que grâce à des artifices comptables ? Assis dans son fauteuil, j'en éprouverais un malaise épouvantable et cette sorte de chagrin dont on ne guérit que par l'action la plus hardie, celle qui ose tout, qui délivre du mépris de soi en transgressant tous les cadres. Comment diable fait-il pour conserver son humeur joviale qui ne laisse filtrer aucune culpabilité ? J'ai honte de son absence de honte apparente. Et que se passe-t-il en nous qui nous sommes habitués à ce que la honte ait à ce point disparu du paysage public ?

Restez vivant ! Ne participez pas à cette crise persistante de la responsabilité, acceptez vos indignations. Quand on échoue en entraînant les autres dans sa défaite, il est sain d'avoir honte, afin de transformer cette honte en action de rupture.

Nous, les Faizeux réunis, allons agir désormais pour ne plus avoir honte de nos lâchetés ! En désobéissant à toutes les habitudes françaises, en gérants responsables des intérêts nationaux. Depuis que j'ai arrêté cette décision, je me sens comme remplacé dans ma vie par quelqu'un de plus jeune, de moins fuyant.

Les leaders du FN doivent savoir que s'ils sont parvenus à prendre l'avantage sur une UMP renommée et un PS inchangé, le plus dur reste à faire pour eux : venir à bout de la volonté des Faizeux qu'ils n'avaient pas calculés, de la société civile pugnace qui déjà se constitue en force de frappe politique, en s'inscrivant dans une initiative stratégique que j'expliquerai plus loin. Stratégie ample qui, si elle doit bousculer les partis (qui ne l'auront pas volé), visera en même temps à sauver en 2017 les traditions qu'ils incarnent car il y a identité d'intérêts entre ces machineries déconsidérées et les forces motrices de la société. La subversion positive sera donc salvatrice lors de cette présidentielle de tous les possibles. Il est hors de doute que notre tâche commune sera de sauver une certaine idée de la République.

Et si d'aventure le FN autoritaire devait l'emporter en fédérant tous les désarrois légitimes, ce qu'il réussit jusqu'à présent, alors les Faizeux unis se rebifferaient de toute leur énergie, banderaient leurs muscles et continueraient à se battre de toute leur puissance pour reconquérir – en leur nom propre – la confiance d'un peuple déboussolé. Sans relâche, rameutant les derniers carrés de tenaces, nous démolirions les argumentaires vétustes du FN, attaquerions leur rhétorique minable du repli et redonnerions confiance aux républicains en montrant qu'il est possible de se relever et de vaincre ! En nous battant partout, tout le temps et en ne craignant pas de désobéir, avec fierté, à toute mesure scélérate. Impossible d'admettre certaines persécutions déguisées en mesures administratives. Telle serait la politique des insoumis civils : solliciter les courages à l'état latent pour faire triompher l'esprit de bienveillance et de révolte positive !

J'espère qu'il n'est pas trop tard. J'ai bien peur que si – même si les bobos emparisianisés, si bizarrement étrangers aux indignations de nos territoires, se sentent encore protégés de ce genre de cauchemar. Face à tant d'impéritie et d'imprévoyance, il ne nous reste qu'à faire pour le mieux.

Ce que j'ai appris (avec stupeur) de mes engagements

Depuis quinze ans, je mène une double vie. On m'aperçoit sur les plateaux de télévision assurant la promotion de ma littérature et m'esclaffant trop ; mais dans mon quotidien, derrière cette pavane, je rejoins ma vocation, j'agis. Tandis qu'une part de mon cerveau fuit dans l'écriture, l'autre cherche de manière obsessive les moyens de contourner l'inertie politique qui me crève le cœur.

Comment ?

En activant jour après jour les ressources immenses de la nation, en faisant la plus grande confiance aux caractères capables de se prendre en main. Cela a longtemps occupé la moitié de mon temps ; désormais cet engagement mange toutes mes journées. De mes tribulations civiques, j'ai tiré quelques leçons.

1999, l'année du réveil. Je rédige un bref ouvrage – *1+1+1*[1] – qui recommande la création d'une

1. Grasset, 2002.

Agence des bonnes pratiques capable d'accompagner une révolution des pratiques publiques. Le Premier ministre de l'époque[1] me dit chiche et nous voilà partis pour l'enlisement. En trois mois à peine – après quelques tribulations avec un fripon – l'Agence fermera ses portes. Je fis alors l'expérience que la pire chose qui puisse arriver à la société civile de bonne volonté, même soutenue par Matignon, est d'obtenir le droit de coopérer avec la sphère publique, instinctivement rétive à toute greffe venant de l'extérieur. Qui n'en est pas issu et qui, surtout, n'en maîtrise pas les arcanes financiaro-juridiques ne peut pas passer à travers les blindages d'un milieu clos qui s'arroge le monopole du « savoir-faire public ». Tous les ministres sans exception issus de la société civile, les industrieux qu'il m'a ensuite été donné d'approcher, m'ont répété le même constat navrant : non estampillé politico-administratif, vous demeurez un Huron chez les Iroquois, un intrus égaré dans un territoire verrouillé.

Ma conviction est arrêtée désormais : l'Agence des bonnes pratiques que j'avais imaginée est très exactement ce qu'il ne fallait pas faire pour que la nation bénéficie des grandes compétences de la société civile. Mon idée ne valait pas tripette. Son efficacité fut inversement proportionnelle à l'enthousiasme que j'avais déployé pour la créer. Inutile de vouloir collaborer gentiment au plus haut niveau avec un État tout bardé d'habitudes. Sans puissant rapport de force

1. Jean-Pierre Raffarin.

établi avec les autorités politiques, mêmes enthousiastes, la citadelle ne se rendra pas ; et les mini-Colbert – péremptoires dans les petites questions et laissant depuis si longtemps les grandes sans solution – garderont le dernier mot, les lourdes clefs de l'incapacité collective. L'engagement d'un Premier ministre – même cordial et volontaire, je le répète – ne vaudra quelque chose que si la pression politique que vous exercez sur lui le contraint à désobéir à sa propre machine, à affronter rudement les grands corps de l'État – dont il a par ailleurs besoin.

Mais de cet échec est née une étonnante série de réussites civiques, requinquantes.

Plutôt que d'user ma passion pour la France dans un exténuant corps à corps à l'intérieur de l'État, j'ai alors continué à agir sur le terrain, en menant une politique du fait accompli. Gouverner gaiement les événements réels plutôt que de lourds appareils !

Nos lycées et collèges sont-ils submergés, dans certaines zones, par la violence ? Nous avons créé en 2001 avec l'inspecteur d'académie d'Évry de l'époque – Guy Guézille, guerrier hors du commun – et le colonel Caron, alors brillant chef des pompiers de l'Essonne[1], des sessions de formation pour que les mômes remplis d'énergie soient convertis en pompiers altruistes au service de leur propre établissement. Cinquante établissements en Île-de-France profitèrent de ce programme civique soutenu par la

1. Tous deux sont à la retraite actuellement, mais la France aurait grand avantage à tirer de leur terrier des gens de cette trempe...

Région – Les Pompiers de l'école ouverte – qui nous apprit combien il est bénéfique de faire collaborer le personnel de nos administrations pour mieux assurer la paix dans nos lycées. Fallait-il contrôler le Parlement pour cela, et réunir d'abondants crédits ? Non, il suffisait de disposer d'un téléphone portable, d'un peu d'éloquence et de la ferme volonté de servir la France. Le talent de pédagogue des jeunes pompiers volontaires fit le reste ; c'est-à-dire l'essentiel. La ressource civique était là, disponible, n'attendant que d'être sollicitée. La France est bien ce pays-là, peuplé de fonctionnaires qui ne demandent qu'à bien se conduire et à sortir du cadre si on les laisse faire – sous la houlette de colonels et d'inspecteurs d'académie aux airs de personnages à la Dumas !

Il y eut également, dans ces années-là, l'aventure du mouvement Mille mots qui visait à accroître le lexique de jeunes détenus des quartiers mineurs, par des séances de lecture. Des bénévoles garnissaient avec eux des carnets de vocabulaire utilisés ensuite par les enseignants en milieu carcéral (des types détonnants, soutenus par des équipes de matons volontaires). Une conviction lestait notre démarche : un jeune sans mots se servira inéluctablement de ses poings. C'est Claude Bardon, un flic inclassable, humaniste et rouleur de bosse, ancien patron de l'antiterrorisme français et grand aventurier militaire, qui eut cette idée iconoclaste et pertinente : remplir de mots nos caïds si créatifs afin d'infléchir leur inconduite ! Le résultat fut très encourageant : nous vîmes assez vite le comportement de ces gamins changer, notamment en classe. Oh, sans devenir des thuriféraires de mère Teresa, purs comme des boy-scouts et sobres comme des quakers ! Mais quelque chose se passa en eux. Enfin on s'attela au problème central de l'échec scolaire français.

15 à 20 % de nos enfants éprouvent de grandes difficultés de lecture et d'écriture en entrant au collège. Fallait-il agir soi-même et contourner les systèmes à bout de souffle, ou croire encore au talent d'un brave ministre ? Notre conviction intensément républicaine – que le peuple doit se prendre en main au lieu de tout attendre d'une énième « grande loi » supposément salvatrice – est directement à l'origine du mouvement Lire et faire lire, cofondé en 1999 par mon ami Pascal Guénée, moi-même et une association dissoute aujourd'hui (Le Relais civique). L'idée directrice ? Mettre en place une pratique concrète, à la portée immédiate des citoyens, plutôt qu'une politique fumeuse sans effet bénéfique tangible pour nos communes. Nous avons invité les retraités fous de lecture à venir transmettre leur passion dans les écoles maternelles et primaires du pays. Ce modèle ne venait ni de nous ni d'une docte commission mais du très modeste Office des retraités de Brest qui avait déjà éprouvé l'efficacité de cette pratique intergénérationnelle sur le terrain. Ces Bretons-là savaient d'expérience qu'en inoculant aux enfants le virus de la lecture on les vaccine contre l'échec scolaire – donc contre l'exclusion sociale et le cruel bannissement du marché du travail. On lutte également, par la même occasion, contre la violence

juvénile en enrichissant le lexique de nos futurs adolescents – car, répétons-le, les jeunes privés de vocabulaire se serviront presque automatiquement de leurs poings –, tout en incluant allègrement les anciens dans la vie de la commune ou du quartier.

Au début, on nous ricana au nez, nous prédisant un échec probable. On railla mon exaltation, la volonté grêle de mes alliés. Sans cesse, les beaux esprits me rappelèrent que mon pouvoir d'autosuggestion était sans limites mais que le réel, lui, ne se laisserait pas facilement impressionner.

Quinze ans de militantisme plus tard, seize mille bénévoles lecteurs font lire chaque année quatre cent mille enfants dans nos cent départements. Le Québec et l'Acadie s'y sont mis. De nos rêves nous avons fait une puissance. Lire et faire lire inverse la fatalité dans tous nos territoires, alors que la plupart des réformes éducatives votées ou presque se sont enlisées ou ont été contredites par la majorité suivante. Pour engager cette vaste, longue et ambitieuse réforme (notre expansion est robuste, et il est désormais hors de doute que nous parviendrons à fabriquer une nation de lecteurs), point n'était besoin de gagner des élections. Il suffisait de le FAIRE en mobilisant d'innombrables Faizeux, de parier sur l'alliance fraternelle entre les générations et sur l'invraisemblable talent des volontaires ; et – j'insiste – de ne pas vouloir traiter un problème majeur sans impliquer directement la population. Les pratiques novatrices ne viendront plus des limbes des hautes sphères, il faut donc que la France fasse renaître sa joie par le bas. Puisque nos partis énarchisés ne parviennent plus à rendre à la France l'estime d'elle-même, le pays républicain doit se redresser lui-même, un peu comme le baron de Münchhausen qui se sauva du marécage où il était enlisé en se tirant par les cheveux. Nous voulions que la société se prenne comme point d'appui, et le pari fut gagné ! Pas par moi ou les opérateurs du programme : par les Français eux-mêmes qui en ont fait leur affaire personnelle, dans leur commune. Avec leurs folies particulières, souvent pittoresques. J'ai le souvenir d'un grand gandin, un peu agité et d'aspect un peu cartoonesque, qui se leva dans une réunion publique à Dijon pour s'écrier de son beau timbre d'alto, en agitant un chapeau fleuri :

— Je ne lirai que des livres de botanique ! Rien d'autre !

Naturellement, j'ai aussitôt pensé que ce fêlé était à mettre de côté ; mais une minuscule enseignante se leva et ajouta d'une voix flûtée :

— Depuis que monsieur intervient dans notre école, tout le monde est fou de botanique. Les enfants font tous des herbiers !

Au fond, les enfants aiment les irréguliers, les emportés et les farfelus. Les normaux sans relief les font bâiller ; et ils ont bien raison.

Mais la plus belle leçon de Lire et faire lire est que ses deux opérateurs militants sont la Ligue de l'Enseignement (rassemblant les Fédérations des œuvres laïques départementales, une grande armée de citoyens sincères) et la tenace Union nationale des associations familiales (l'UDAF dans nos départements), soit... la carpe et le lapin culturellement, politiquement et historiquement. Eh bien, malgré leurs très franches dissensions, ces organismes responsables ont bâti dans la concorde une réponse opérationnelle à notre déclassement scolaire. L'épopée Lire et faire lire a démontré que l'union nationale quasi impossible à l'échelle des partis qui incarnent de vieilles traditions est réalisable par la société civile, nettement plus adulte dès lors qu'il est question des grands enjeux civiques. Par l'action d'intérêt général on peut rassembler en France là où les opinions divisent. Il y a là un ciment national d'une exceptionnelle qualité.

Lors de l'élection présidentielle de 2007, je m'étais attelé avec le soutien d'amis à une expérience jubilatoire : la création du site web commentonfait.fr. Sur ce site trans-courants politiques, je demandais aux Français comment ils mettraient en œuvre les promesses des candidats du premier tour, en partant du constat accablant que l'échec des politiques menées vient très souvent des conditions mêmes de leur exécution. Nous avions ainsi créé une sorte de Wikipédia politico-pratique, un dictionnaire de méthodes. J'appelais, l'air de rien, à une *révolution française des pratiques* en consultant directement le peuple non sur le « quoi faire » (domaine des partis en démocratie représentative) mais sur le « comment on fait » (domaine de compétence des citoyens qui, tous, connaissent un ou plusieurs secteurs d'activité).

Tout de suite, la Toile m'indiqua que les questions trop ouvertes attiraient des commentaires oiseux, très « café du commerce », alors que les interrogations pointues sollicitaient les compétences réelles – infiniment utiles – de notre population. Plus on se montrait ambitieux, plus la nation était à la hauteur ; plus on faisait confiance à la rue pour affronter la complexité, plus le terrain se mobilisait. La considération répondait à la considération. En somme, commentonfait.fr m'a enseigné que faire confiance à la sagacité collective était, dans l'intérêt de la France, la bonne attitude. Il résulta de tout ce labeur un étonnant livre blanc de *bonnes pratiques* que l'on remit – sous forme de clefs USB – aux cabinets du gouvernement issu des urnes en 2007. AUCUN de ces petits marquis outrecuidants de la haute administration, si habitués aux approches technos dites « sérieuses », ne consentit à nous répondre. Seuls quelques ministres daignèrent, du haut de leur Olympe tout neuf, écrire à l'écrivain que je suis pour m'assurer de leur considération. Les cabinets, imbus de leur maestria technique, n'avaient pas de leçons à recevoir de la piétaille laborieuse. On a vu la suite...

Je saurai naturellement me souvenir de toutes ces défaites provisoires quand viendra l'heure de mettre en ordre de bataille les capacités des citoyens pour nous tirer du bourbier politique où les partis nous auront jetés. La société civile agissante opposera alors à un Front national bodybuildé le renfort d'un Front des Faizeux – nous verrons comment – qui donnera je l'espère aux partis déconsidérés la ressource de vaincre le clan de la trouille et de l'hyperétatisme ! Mais, et ce mais est énorme, à nos conditions franches, loyalement exprimées. Les citoyens émancipés ne doivent plus accorder de chèque en blanc au futur président, quel que soit le spécimen que le destin nous enverra. Fini le marché de dupes et l'habituelle sujétion. Les Faizeux ne seront plus jamais les obligés d'une classe qui a échoué, ni de mouvements discrédités qui ne captent plus nos voix flottantes que par excès de mépris du camp adverse. L'irremplaçabilité de la société civile AGISSANTE doit enfin être reconnue, utilisée au service de tous. La légitimité se gagne certes par les urnes mais aussi, en temps de crise sociale aiguë et de refondation du pays, par les services effectivement rendus au peuple. Les mini-Colbert ont du mouron à se faire... Ouvrons vite la définition du légitime !

Et si un doute désobligeant vous gagne en lisant ces lignes brûlantes, au lieu de m'agonir ravalez-le. Accordez-nous l'indulgence due aux gens qui, même maladroits, tentent de remédier à l'échec effrayant du dirigisme français. Et puis, nous le faisons sans lever l'impôt, nous, avec l'amour de la France au cœur. Si mes débordements patriotiques ou d'enthousiasme vous irritent ou vous paraissent chimériques, souvenez-vous tout de même que l'heure de la spéculation et des états d'âme est passée depuis longtemps. Place aux Faizeux qui, aussi brouillons soient-ils, tentent quelque chose. Je vous le dis avec vigueur, lucidité et solennité : une société sans espoir est, qu'on le veuille ou non, un grand danger pour elle-même. Il est minuit moins le quart. Nous ne nous battons plus en temps de paix mais dans les derniers mois qui nous restent avant que Marine Le Pen fasse, peut-être, main basse sur l'un des plus grands peuples de l'Histoire. Cette hypothèse ne peut plus être écartée dans un soupir hautain. Désormais tout est possible. J'ignore ce qu'il adviendra exactement en 2017 mais je sais que cette perspective rôde sur les écrans radars de la République ; et qu'il est du devoir de tout responsable français de quitter les attitudes sereines des heures normales. Le FN n'est pas un fantasme noir inventé par je ne sais quel communicant afin de détourner le regard des électeurs des échecs des gouvernements successifs ; c'est à présent une force qui agit sur les imaginations, musclée par la médiocrité historique de l'offre des républicains qui, en vérité, ne songent même pas à coproduire un projet avec les Faizeux. Seulement à poursuivre l'entre-soi habituel. Un peuple qui s'enlise dans la difficulté sans grande espérance ne peut que se rebiffer en essayant, tôt ou tard, une autre voie. S'imaginer qu'il suivra benoîtement en 2017 une UMP ripolinée ou un PS discrédité (à un degré impensable) est une opinion de bien nourri, de bien logé dans le centre de Paris, de bien chauffé, de vrai gagnant de la mondialisation. J'ai vu dans mes tribulations que la nation dans ses profondeurs est en train de lâcher la rampe des partis républicains à un point que Paris ne mesure absolument pas.

Connaissez-vous une seule personne dans votre entourage qui vous ait dit récemment avec extase « Waouh, je suis enthousiasmé par la droite, le centre ou la gauche ! Ils ont une vision et toute ma confiance » ? Oubliez l'illusion sondagière et faites ce petit test tout simple autour de vous, *dans la réalité*. Personne ne vous répondra *oui*, en dehors du dernier carré des colleurs d'affiches et de ceux qui en vivent directement. Quant aux leaders qui échappent encore à l'universel mépris, ils ne sont pas, pour l'instant, des chefs de guerre populaires, des Danton télévisuels, des remueurs de foules fouaillant les mythes ou des tribuns en prise directe avec la France dite périphérique – mais en réalité au centre de notre crise. Leur passé professionnel leur assure une aura de crédibilité dans la presse – souvent fondée – que le peuple en rade aura tôt fait d'interpréter à leur désavantage, tant le discrédit s'attache aujourd'hui à l'information *main stream*.

Alors battez-vous, convertissez vos doutes inquiets en actions citoyennes concrètes et novatrices qui vous donneront du crédit moral. Et n'oubliez jamais que la folie, c'est de continuer à espérer un changement de la part de gens qui ne sont pas le changement mais des héritiers. Être le changement permet de le réaliser. Il n'y a pas d'autre solution !

Souvenir numéro un

Certains épisodes bizarres ont fabriqué mon regard sur la politique et, d'une certaine manière, façonné le citoyen engagé que je suis. Le premier souvenir clef date de mes neuf ans. Il y avait de quoi rire ; j'en reste glacé.

Je me trouve à l'hôtel Lapérouse, établissement huppé qui s'élève à deux pas de la place de l'Étoile à Paris, dans la suite capitonnée qu'occupe mon grand-père Jean Jardin. Le petit salon est exigu, moelleux et très cosy ; assez vaste pour contenir des valises sur lesquelles veille jalousement Zouzou, la secrétaire et merveilleuse maîtresse de mon grand-père. Elle en ouvre une et, espiègle, me montre ce qu'on ne voit « que dans les films » : une montagne de billets de banque !

— Prends-en un, mon chéri, ils ne comptent pas...

Excité, je chipe un « Pascal », un immense billet de cinq cents francs (le seul que j'aie jamais touché), et demande :

— C'est qui « ils » ? C'est pour qui tout ça ?

— Cette fois c'est pour Robert...

— Qui ?

— Le frère de François, me répond-elle. La Mitte.

Tout de suite je comprends. Chez les Jardin ancrés à droite qui persiflent les « socialos », « la Mitte » c'est François Mitterrand. Je connais son frère Robert qui vient souvent chez nous en Suisse, à Vevey, au bord du lac Léman, avec sa deuxième femme.

— La dernière fois c'était pour Giscard, ajoute Zouzou.

Je lui demande comment ça se passe, en vrai. Giscard s'est-il mis à quatre pattes sur un tapis pour recompter les liasses, « comme dans les films » ? Zouzou rit aux éclats, se moque de moi et m'assure que « dans ce monde-là, ça ne se passe pas comme ça ». Grand-père a discuté de choses et d'autres importantes pour la France, puis a poliment laissé les billets, m'explique-t-elle.

— Qui les donne, ces billets ?

— Ambroise... Il collecte ça chez les autres grands patrons. Au bout de la rue.

Par la fenêtre, elle m'indique la direction de la Fédération française du bâtiment, alors grande brasseuse de liquidités.

— Ah...

Fin de mon innocence.

On nous dérange alors. Robert Mitterrand surgit avec mon élégant grand-père. Très Mitterrand d'aspect, il ressemble à s'y méprendre au candidat dont le physique orne les affiches qui couvrent Paris. Impossible de ne pas deviner le destinataire réel des valises : son frère. François n'a confiance qu'en son propre frère pour « ces choses-là ». L'élégant Robert ne semble en rien troublé de venir s'approvisionner en billets de banque chez l'ancien directeur de cabinet de Pierre Laval à Vichy. On est entre soi, entre gens informés à qui on ne la fait pas. Financer le *programme commun* de la gauche via une huile de la collaboration ne trouble personne.

On m'expédie avec Zouzou dans la chambre d'à côté où Jean a coutume d'aimer sa maîtresse. Je saisis alors que grand-père finance bien la campagne présidentielle de la droite et... de la gauche. Personne ne se méfie des curiosités d'un petit garçon de neuf ans confronté aux contradictions des grandes personnes. Je flaire également que les différences droite-gauche, les affrontements à la télévision, c'est « pour le peuple », la piétaille qui y croit encore, si loin de ces tripatouillages. À l'hôtel Lapérouse, là où circulent les valises comprimées de numéraire, tout le monde s'entend. Le réel est là, dans ce petit salon feutré, entre gens très bien qui tirent les ficelles.

Ce moment est pour moi à la fois pittoresque, « comme dans les films », et intensément nauséeux. Homme fait, j'en ai parfois reparlé avec Zouzou qui, au fil des ans, m'a affranchi avec une naïveté confondante. Elle ne voyait aucun mal dans ce bal des Tartuffe. Mais de cet instant dingue date mon regard effrayé sur le cynisme absolu des partis. Et une détestation instinctive, animale, pour l'entre-soi des élites françaises, les *gens très bien*.

On ne guérit pas de l'enfance.

Leur manière d'être

Avant d'examiner les solutions jaillies du ventre de la société civile, si ingénieuse dans ses tactiques et méthodes, arrêtons-nous sur la rage des citoyens face aux politiques. À quoi les citoyens déconfits disent-ils *non* lorsqu'ils disent *oui* au FN ? À une politique bien définie ?

Je dirais plutôt à une manière d'être.

À la très désespérante façon d'être de notre classe politico-administrative d'où procède bien évidemment notre déconfiture durable ; car tout découle toujours de l'idée de soi, dégradée ou propulsive. Idée qui, quand tout va mal, demeure le seul levier pour briser nos difficultés (Charles l'avait bien compris ; dans la bourrasque, ne reste plus que le caractère).

Notre rue ne dit pas *non* à des programmes qu'elle ne consulte jamais mais bien à l'irréalité prononcée des êtres censés les porter ; irréalité qui se trahit par une constante inaptitude à faire part publiquement de ses doutes et à reconnaître ses échecs avec sérénité, en nous faisant confiance. Étonnante infirmité morale car si les partis se livraient enfin à cet exercice salubre, sans arrière-pensée, leur crédit monterait en flèche ! Nous ne pouvons pas donner notre confiance à des gens irréels, inaccessibles aux doutes qui nous traversent tous et surtout incapables d'admettre ce que tous nous constatons. Pourquoi diable ces masques de cire aux voix gourmées ne nous parlent-ils pas d'homme à homme, tout simplement, comme à des adultes ? Le personnage joué – et maintenu à toute force sur les plateaux de télévision – empêche d'accéder à la personne qui pourrait nous toucher.

Le 11 novembre 2012, Laurent Delahousse m'avait invité sur France 2, dans son émission dominicale à 13 heures, avec le ministre apparent de l'Éducation nationale, Vincent Peillon. Dans la salle de maquillage, juste avant de passer sur le plateau, nous avions eu une conversation. J'avais quelqu'un d'authentique en face de moi, le vrai Peillon, émouvant, harcelé de doutes, de fragilités. Puis il passa en premier sur le plateau et je vis apparaître sur les écrans de contrôle sa marionnette officielle. Fausse voix. Discours plaqué, glacé de certitudes. Inaudible. Une fiche derrière des lunettes, un porte-voix des *éléments de langage* fabriqués par Matignon. Une colère irraisonnée me gagna. Pourquoi cet homme ne nous faisait-il pas confiance en se montrant dans sa réalité complexe au lieu de se cacher derrière sa fonction ? Impossible de m'accommoder de cette tromperie. En le rejoignant sur le plateau, j'ai alors renoncé à la comédie habituelle qui veut qu'entre invités on taise le hors-plateau. Devant les caméras, j'ai brisé la convention du *off* et dit spontanément que Peillon n'était pas du tout raccord avec son personnage réel que j'avais entrevu un instant plus tôt en coulisses, dans la salle de maquillage. En direct, j'ai nommé son masque intolérable en rappelant qu'il semblait réel cinq minutes auparavant, et que j'entendais poursuivre la conversation avec le type authentique, pas avec la cassette. Ce n'était pas une charge ou le désir de m'offrir son scalp qui me motivait, c'était un cri du cœur. Deux heures plus tard, le rédac-chef de Delahousse me rappela pour m'informer que ce passage serait rediffusé le soir même au 20 heures. Le site de France Télévisions s'était embrasé. Les gens voulaient, massivement, que cesse le jeu de rôle habituel, la bienséance factice qui règne dans nos débats. *Nous ne supportons plus de feindre de croire qu'on les croit alors qu'eux-mêmes ne croient plus en leurs propres mots*. À droite, même problème d'irréalité. Plus Nicolas Sarkozy se défile et refuse de dire sans drame *je me suis trompé, j'ai été sans courage réel, je n'ai pas osé faire la rupture*, plus il se discrédite et se désarme. Pourquoi diable s'expurge-t-il de toute authenticité sympathique, de toute complexité assumée ? Il n'est en réalité pas possible que cet homme n'ait pas d'énormes regrets au sujet de son quinquennat. Plus François Hollande, de l'autre côté, surjoue l'optimisme, plus il se ridiculise lui-même. Toute autocritique sincère rend de la puissance !

Cette manière d'être se remarque aussi dans la promptitude des politiques à se répondre mutuellement, en mode réaction (et non action), au lieu de s'adresser vraiment à nous. Et qu'ils cessent enfin de parler d'eux-mêmes dans leurs meetings ! Avec une naïveté confondante, ils croient – du moins ont l'air de se persuader – que c'est *à eux de régler nos problèmes* ; alors que nous savons bien qu'ils n'en ont pas le pouvoir sans nous. Il est ahurissant que dans leurs réunions les partis passent plus de temps à s'interroger sur ce qu'ils vont faire, eux, plutôt que sur un usage intelligent des compétences de la société. Depuis trente ans, nos mini-Colbert se font élire sur des programmes qui ne donnent à la nation aucun rôle actif, propulsif. Cette habitude de l'entre-soi se voit aussi à l'usage intensif que les politiques font des mots *droite* et *gauche* ; vocables qui renvoient plus à leur positionnement par rapport à leurs compétiteurs qu'à nous ! Avant que d'être de gauche ou de droite, nous sommes au chômage, cocu, trompé par notre maîtresse qui continue à aimer son mari, atterré d'être mal payé, sans clients, père d'un gamin que l'école blesse, désemparé devant les SDF de notre quartier, désespéré par le terrorisme et les compréhensions qu'il suscite, etc. Qu'ils cessent donc de se référer à leurs semblables ! Qu'ils quittent leur propres passions pour entrer dans les nôtres ! Avant de penser à eux, nous pensons à nous, à nos enfants.

Cette manière d'être qui ruine tout crédit est également faite d'irresponsabilité chronique. Nous aimerions tant qu'ils se fixent des objectifs clairs et qu'ils consentent à démissionner s'ils ne les atteignent pas. Une conduite normale chez des gens dotés d'un minimum de correction. Qu'ils s'engagent personnellement et risquent leur position, comme tout un chacun. Rappelons que Charles n'imagina jamais ne pas régler *réellement* les questions auxquelles il s'attelait ; et lorsqu'il ne se sentait pas en position de le faire, ce monsieur digne décampait. La nation lui en conserve quelque estime et l'a du coup souvent rappelé. Pour être désiré, il faut parfois pratiquer l'art du retrait. On ne donne pas envie à une fille en se jetant frénétiquement à son cou.

Cette manière d'être rejetée consiste également à vouloir à tout prix *tenir ses promesses* – promesses que personne, bien entendu, en dehors des journalistes, ne connaît vraiment car, je le répète, nous ne lisons pas leurs programmes ennuyeux, vides de toute transcendance. C'est encore une façon de se référer à eux-mêmes. On s'en moque bien du catalogue de leurs promesses que nous sentons électoralistes ; ce qui nous intéresse, c'est qu'ils règlent pour de vrai nos problèmes avec nous. Pas sans nous !

Cette manière d'être désespérante se trahit également par un usage très déplacé du Net : ces gens persistent à croire que c'est un canal vertical pour diffuser leurs idées, alors que la vocation de cette invention est de permettre la collaboration, l'agglutination des idées ! Posez-nous des questions concrètes, très pratiques, et écoutez nos réponses qui le seront. Reconnaissez vos zones d'incompétence, notamment dans la mise en œuvre de vos lois, et demandez un coup de main à la nation. Sur le Web, ils se conduisent comme un homme qui inviterait des amis chez lui et qui, à table, parlerait tout le temps. Eh bien à chaque scrutin, les gens ont décidé de ne plus venir dîner chez ces mal-élevés qui ne se rendent pas compte de leur grossièreté.

Cette manière d'être nous attriste également quand ils s'adressent à ce qu'il y a de minable en nous au lieu de parler à notre partie haute. Charles s'adressait au type ou à la fille formidable qui dort dans notre cœur ; cela faisait du bien, cette considération. Cultivez votre grandeur, vous nous donnerez le goût de la nôtre. Si vous ne parlez qu'au médiocre et à l'effrayé qui est tapi au fond de nous, nous finirons par voter pour de plus vils que vous. Soyez un peu Mandela, un brin Charles, beaucoup Winston. Le pape actuel, dans ce registre tonifiant de guerrier de l'espérance, prouve chaque jour que nos contemporains ont toujours soif de gars grand format.

En somme, que les leaders de la droite cessent de se demander s'il faut être plus ou moins décomplexé, plus ou moins à droite ou au centre, sur-buissonné ou non buissonné. On s'en cogne. Qu'ils changent radicalement de façon d'être ! Et au PS, qu'ils changent tout ! De fond en comble, comme le firent avec foi toutes les gauches européennes des dernières décennies.

Avant que mille colères fermentées ne nous pètent à la figure.

Avant que la société civile ne doive s'organiser pour les remplacer avec superbe, tout simplement. Ce qu'elle fera plus aisément qu'on ne croit.

Pourquoi ?

Parce que les leaders de la société civile, nos Faizeux opiniâtres, ces magnifiques francs-tireurs, ont une manière d'être exactement contraire à celle de nos politiques dirigistes ! Ces tourbillons humains inventent avec cœur, refusent partout le gâchis et fabriquent le bon sens avec une modestie désarçonnante. Ceux que je fréquente me font l'honneur de partager leurs doutes. Comme si l'action de terrain, rugueuse, mobilisait une autre sorte de type humain, plus incarné et cordial, en phase avec les attentes du peuple. Comme s'ils étaient tous d'astucieux prophètes, à qui le secret de l'avenir est confié, et qui en aident l'inévitable accomplissement. L'ascendant, désormais, n'appartient plus ni aux castes, ni aux coteries partisanes, ni aux formules hiérarchiques, mais aux Faizeux qui fabriquent sur le terrain leur légitimité.

Souvenir numéro deux

Un souvenir étrange me poursuit. J'ai quinze ans. Je me trouve chez ma grand-tante maternelle, rue du Bac à Paris. Zaza – la famille l'appelle ainsi – me raconte les soirées de son enfance passées au siège de *L'Humanité*, lors des réunions de la rédaction. Son papa, Philippe Landrieu, administrait le journal pour son ami Jaurès. Elle me confie en riant quantité d'anecdotes au sujet de « Benito », si drôle, si espiègle, si captivant pour la petite fille qu'elle était.

— Benito qui ?

— Mussolini.

Après un long silence, je lui murmure :

— Franchement, Zaza, ça me dérange que tu appelles Mussolini « Benito ». Cette familiarité...

— Pourquoi ? Il était socialiste à l'époque, avant 14.

— Mussolini connaissait bien Jaurès ?

— Intimement ! Benito était également très lié avec Lénine.

— Lénine, maintenant ? ai-je alors sursauté.

— Tous ces émigrés de gauche se retrouvaient à Paris, ils se connaissaient très bien, se fréquentaient, se croisaient au journal. Paris était la capitale européenne de la liberté. Chez eux, on les pourchassait.

— Lénine et Mussolini étaient potes ?

— Pas tant que ça à cause d'une fille, une lingère qui avait eu une aventure avec les deux. Lénine, très jaloux, en avait été malade. Désespéré, il avait même simulé un suicide en tirant au revolver dans son reflet, sur un miroir. Papa avait dû intervenir auprès du préfet pour qu'il ne soit pas expulsé de son logement. Quelle histoire !

— En effet...

Une fille entreprenante avait donc fait l'amour avec le communisme et le fascisme, avait joui de deux des trois idéologies orgasmiques du XXe siècle. Mais en 1905, personne ne pouvait deviner les trajectoires de chacun, que « Benito » tournerait sérieusement casaque, que Lénine massacrerait à tour de bras et que tous ces gens rompraient radicalement avec l'humanisme de Jaurès. Ce moment très curieux, dans le Paris des années 1980, me fit bien sentir l'extraordinaire instabilité des politiques, leur capacité inouïe à changer de visage en cours de route, à rompre avec eux-mêmes.

Et quand je fis remarquer à Zaza que personne n'avait su l'ampleur exacte des crimes du communisme avant le rapport de Khrouchtchev, elle s'étrangla :

— Comment peux-tu dire ça ? Tous les dirigeants socialistes connaissaient la nature sanguinaire du communisme russe dès décembre 1920. Papa avait fait partie avec Blum de la délégation socialiste envoyée à Moscou juste avant le congrès de Tours. Ils sont arrivés là-bas le cœur léger, croyant retrouver des amis, et ils ont vu l'horreur. Tout est dit et prédit dans le discours virulent de Blum au congrès de Tours de 1920. Blum ne se fait aucune illusion sur la nature du communisme réel, instaurant une dictature stable, effrayante, régulière, et non un expédient provisoire lié à une période de désordre, une folle dictature pratiquant le terrorisme comme moyen de gouvernement.

— Mais non, c'est en 1956 que Khrouchtchev a fait son rapport sur les crimes de Staline...

Exaspérée, la vieille Zaza se lève, met la main sur l'incroyable discours de Léon Blum publié aux Éditions ouvrières (couverture à dominante rouge, je m'en souviens) et m'en lit des extraits. Un morceau de tempête verbale, un exercice de froide lucidité.

Je comprends alors que la gauche socialiste – tous ses délégués étaient présents dans la salle à Tours en décembre 1920, *qu'ils ne disent pas qu'ils ne savaient rien* – a pendant des décennies accepté de coopérer avec cette gauche-là, moscoutaire et terrifiante. En détournant poliment la tête. Je saisis surtout que les partis resteront à jamais de glaciales machines calculatrices, capables de s'asseoir sans ciller sur leurs valeurs les plus fondatrices.

Je serai toujours du côté des citoyens floués, des gens tourneboulés par le destin, des voyageurs de RER qui se prennent en main, des instituteurs pugnaces, des entrepreneurs obstinés et des cœurs agissants.

Nous sommes la solution !

On me dira avec quelque raison, et un brin de mépris : cher écrivain, calmez votre effervescence, riez un peu de ces citoyens qui prétendent faire naître par le bas des solutions qui ne viendraient pas d'en haut et, de grâce, un peu de sérieux, cessez de négliger les réformes de structure ! Elles seules comptent, révisez vos manuels de Sciences-Po. Retournez à vos songeries acidulées, à vos fanfaneries rosâtres et à vos îles imaginaires ! Lire et faire lire est certes une action louangeable et tendre mais n'allez pas rêver que l'ensemble des difficultés qui plombent la France puissent être résolues par la société elle-même, par vos braves Faizeux.

L'ensemble non, mais la plupart d'entre elles oui.

Parce qu'elles le sont déjà avec efficience – par des associations téméraires, des mutuelles hardies, des entreprises de l'économie sociale et solidaire ou joyeusement capitalistes.

La France regorge de solutions inexploitées qui n'ont rien de chimérique, de gens hors du commun qui, face aux déficiences du politique, se conduisent en garants de l'intérêt général. Souvent gratuitement, sans y chercher leur intérêt. Leurs *process* sont presque toujours à des années-lumière des méthodes empesées de nos technocrates dirigistes qui peuplent les cabinets parisiens, prisonniers du temps administratif. Hélas, nous ne savons toujours pas tirer profit au plan national de nos réussites civiques locales et de l'invraisemblable inventivité de nos concitoyens. Les partis raplapla et les organisations publiques ou para-publiques n'accomplissent pas ce boulot-là qui, par nature, semble ou les inquiéter ou les intéresser modérément. Volontiers, ils considèrent que ces trublions « disruptifs » n'ont pas à « donner de leçons » aux mini-Colbert qui, eux, « savent » (comme chacun sait). Comme si l'heure était encore à écouter les bataillons d'« experts » qui nous ont flanqué dans la mouise avec professionnalisme !

Et puis, ceux qui ne songent qu'à la « grande politique », aux « grandes lois » et aux « grandes réformes structurelles » n'ont hélas pas assez considéré que, dans le monde réel, les plus grandes affaires ne se font jamais que par les plus petites et qu'une action civique qui paraît modeste devient immense dès lors qu'elle atteint des objectifs inaccessibles aux lois. Disons-le, il n'est aucune réussite humaine où la joie n'entre de quelque côté, aucun projet chargé de sens qui n'en dépende absolument.

Lorsqu'il devint limpide que les élections européennes de mai 2014 annonçaient une effroyable pilée pour les républicains, je me suis avisé avec de nombreux amis de rassembler les Faizeux efficaces dans tous les domaines[1], les athlètes civils de l'action publique. Pour donner du sens – positif et constructif – aux colères françaises. Ces Faizeux sont d'une gauche sincère, d'une droite de conviction, du centre souriant, verts ou parfaitement dégoûtés de la vie partisane. Obstinés, nous avons commencé à les fédérer sur un site aux airs de coopérative d'entreprenants (bleublanczebre.fr) ; petitement dans un premier temps, puis la vague n'a cessé de grossir et de déferler sur la Toile car la France qui fait déjà *sa part* – notamment l'économie collaborative – ne se tourne plus depuis longtemps vers les partis évidés de toute foi. D'évidence, elle se cherchait un centre de coordination, un lieu pour devenir puissance organisée face à l'adversité. Les plus diligents dans cette tâche de fédération furent bénévoles. Le très méthodique, éruptif, infiniment tendre et si républicain Aurélien Sallé, rompu aux arcanes du pouvoir qu'il a fui, donna un cadre à ces élans puis m'aida à articuler celles et ceux qui agirent pour rassembler autour de nous les mastodontes du monde associatif, les chefs des divisions lourdes avec lesquelles la société civile reprendra l'offensive. Tous agirent également sous la houlette du churchillesque Guillaume Villemot, président de Bleu Blanc Zèbre, aussi dandy que Winston et aussi peu porté sur le sport (comme moi).

Nous avons tout de suite nommé ces êtres singuliers, ces Faizeux qui passent gaiement à l'acte et

1. Réussite éducative, mieux-logement, accès à l'emploi, entreprendre sa vie, prendre en main sa santé, écologie active, résoudre la question alimentaire, rebancariser les exclus par les banques, vivre ensemble, etc.

impliquent la population, des « Zèbres » car la plupart de ces affranchis raisonnent *out of the box* : résolument hors cadres. L'ampleur de la vie ne leur échappe pas. Ce sont bien, je vous l'assure pour les connaître de près, de drôles de Zèbres !

Et puis, avouons-le, je me suis permis de faire usage de ce terme réjouissant car aucun de ces Zèbres n'est un casse-couilles patenté. Je puis vous en donner les plus hautes assurances. Nous n'avons jamais rappelé un non-ensoleillé, un procédurier venimeux ou un tracassier vétilleux. Seulement des culottés avenants, impeccablement fêtards, courageux et dotés d'un olympique sens de l'humour. Uniquement des caractères dissonants avec qui nous avons envie d'aller trinquer (au cidre pour ma part) ! Ce qui, après tout, constitue un excellent critère pour redresser la nation française qui ne saurait, une fois encore, se donner à des casse-pieds notoires ou à des porteurs de masques.

C'est ainsi que j'ai réellement constaté que, pour un nombre spectaculaire de sujets très épineux, nous sommes, nous les citoyens zébrés, non *la* solution mais chacun une partie de la solution. La créativité multiforme et la faculté d'expérimenter résident plus que jamais dans la société civile désordonnée, parfois bordélique, pas dans les partis d'intrigues ni dans les cabinets ministériels peuplés de zombies survoltés. Elle n'est pas non plus dans les prestigieux *think tanks* qui, quasiment tous, pondent de volumineux rapports qui omettent la seule information décisive pour passer réellement à l'acte : *qui va faire quoi ?* Une idée remarquable – aussi exaltante soit-elle – ne vaut à peu près rien tant qu'on n'a pas mis la main sur la personne déterminée qui la véhicule, et qui y croit charnellement. En somme, je voterai toujours pour un Faizeux robuste qui a déjà essuyé les plâtres, frotté d'expérience, plutôt que pour un Diseux qui touche sa bille en rhétorique.

Il y a des années déjà, je croisai fortuitement Jacques Attali dans un chalet où nous passions des vacances avec nos enfants. Il accepta de me répondre sans détour lorsque je lui posai une question frontale :

— Pourquoi ça n'a pas marché en 1981 ? Pourquoi l'œuvre est-elle si étroite comparée à celle de 1958 ou de la Libération, alors que l'attente était immense ? Que s'est-il passé en vrai ?

À quatre heures et demie du matin, ébouriffé dans la salle du petit déjeuner encore plongée dans l'obscurité où nous écrivions tous deux avant le réveil de nos mouflets, il ne se défendit pas et me lança devant une machine à café crachoteuse :

— À l'Élysée, vous ne faites rien. Vous dépendez des mille personnes que vous nommez et qui vont agir à votre place. En 1945 et 1958, la France disposait d'un personnel abondant qui avait survécu à la guerre, à la déportation, qui avait été parachuté dans des maquis, combattu en taxi à Bir Hakeim, des gens débrouillards qui avaient en quelque sorte fait leurs preuves. En 1981, nous avions sous la main des énarques en quantité déraisonnable !

En somme, Tocqueville avait raison : « Le meilleur des régimes ne vaut que ce que valent les hommes qui le servent. »

La question essentielle reste donc la capacité réelle d'action des êtres à mobiliser pour la France à l'avant-scène, le moment venu : *qui va faire quoi ?* Où sont les gisements de caractères réellement capables de nous tirer d'affaire, regroupés par affinités électives ? Où diable se situent les Faizeux authentiques aptes à faire la distinction entre le souhaitable et le possible ? Et à désobéir farouchement à toutes les contraintes !

Dans la rue, dans les médias locaux ou sur les réseaux sociaux. Parfois dans les médias nationaux, les jours de chance.

À chaque fois, ces artistes revigorants m'ébahissent. Des volcans en activité ! De prodigieuses machines à réinventer la France ! Et Dieu sait que j'en raffole : j'ai toujours été irrésistiblement happé par les personnalités vastes, tissées de dingueries altruistes et d'improbable ; et par l'artillerie fascinante de leur éloquence.

Esquissons ces rebelles-nés d'un pinceau rapide.

À l'automne 2013, une coupure de presse excite mon attention : Véronique Debue, modeste adjointe aux affaires sociales de sa municipalité de 4 700 âmes, a rendu un exceptionnel service à ses concitoyens de Caumont-sur-Durance (Vaucluse), désormais haut lieu de la résistance à la fatalité. Cette lutteuse m'apparaît immédiatement touchante de candeur efficace, au point que j'écrivis un article enthousiaste sur la dame dans *L'Opinion* !

Sans délai, je donne rendez-vous à l'intrépide au fort accent chantant. Dans un troquet du quartier Saint-Lazare, à Paris, elle déboule, épanouie, sans défense aucune – ce qui est la marque des gens de cœur. Un visage ensoleillé, fait pour annoncer de bonnes nouvelles. Tout de suite, cette amoureuse de son mari me raconte qu'elle a eu à « examiner des demandes d'aides d'habitants qui ne bénéficiaient ni de la CMU ni d'une mutuelle parce qu'ils n'avaient pas les moyens d'en souscrire une ». Il est vrai que dans notre charmant pays étatiste en voie de paupérisation, quatre millions de citoyens restent sans mutuelle tandis que les autres se font étriller. L'idée de négocier une mutuelle groupée, moins onéreuse, a germé dans son cerveau décadré, fécond, sans règles. Sans y dépenser un centime de la commune ! Véronique Debue s'est donc mise à consulter les braves gens pour savoir si cette idée était farfelue ou si elle répondait aux besoins réels des Français dont, manifestement, elle se sentait responsable. Étaient-ils prêts à lui donner mandat pour une telle négociation collective ? à rompre avec leur mutuelle actuelle ? Huit mois d'écoute attentive plus tard, et d'échanges vifs au sein de leur communauté, Mme Debue réunissait un « comité de pilotage ». Elle fédérait des compétences locales (le pharmacien, un kiné, une secrétaire médicale, etc.) qui élargissaient les siennes, et commençait à étudier le sujet en profondeur. Puis vint le moment de la négociation avec douze mutuelles au nom de deux cent quatre-vingt-dix foyers ligués. On revenait à l'esprit mutualiste. La mutuelle gagnante du contrat consentit à faire de l'intergénérationnel et de l'interprofessionnel. Ce fut celle qui, au meilleur tarif, accepta également d'organiser une permanence à Caumont-sur-Durance et, en échange, exigea une véritable éducation à la logique mutualiste. La séance de signature des contrats en mairie suscita une vague d'émotion : ces gens-là avaient réussi quelque chose d'important ensemble. La vie de ces foyers français en a été concrètement chamboulée, pour le meilleur. Des gamins ont eu de meilleurs appareils dentaires. Des arthritiques ont moins souffert. Les cocus de Caumont n'en ont pas été moins chagrinés, mais la santé des populations y a gagné à coup sûr !

Qu'a fait politiquement cette femme (j'ignore ses opinions dont, à vrai dire, je me moque) ? Elle a converti son indignation en *action véritable* sans rien attendre de l'État central, en s'y substituant même – ce qui a créé du lien quand une loi n'aurait ébranlé aucun cœur. Fièrement, cette soldate sociale a envoyé bouler la fatalité. Elle a eu l'intelligence de tisser des relations véritables entre les citoyens, de les associer. Mme Debue a raisonné en dehors des clous ; car ce boulot-là ne fait, en principe, pas partie des tâches classiques des élus locaux, fussent-ils responsables d'un CCAS (centre communal d'action sociale). Son écoute maternante et son action de rupture sont en tout point étrangères à un énarque confit en procédures et en routines. Enfin elle s'est conduite en grande politique en assumant concrètement une gigantesque déconfiture sociale. La légitimité des élites politiques se mesure à leur aptitude à protéger réellement les peuples – dans le détail. Cette femme est beaucoup plus qu'une élue : elle a conquis sa légitimité. Aux dernières élections municipales, en plein Vaucluse enlepénisé, le FN n'a même pas réussi à présenter un candidat à Caumont ! Que vos élus locaux imitent, à leur tour, la grandeur de cette drôle de dame. Qu'ils créent eux aussi des « mutuelles de village », de bourg ou de grande ville. Qu'ils contribuent ainsi, par une initiative efficace, à baisser le coût de notre protection médicale à l'heure où notre niveau de vie s'effiloche. Que les républicains deviennent des porteurs de joie ! En se prenant eux-mêmes pour point d'appui, en ne se contentant pas de déplorer l'inaction des gouvernements passés ou présent. Qu'ils gouvernent eux-mêmes les faits ! Au lieu de gémir en lisant la presse. Seule la résignation non charlienne mène à la dépression. Vive l'action véroniquienne !

Autre sujet, autre stratégie, autres citoyens entreprenants, autres enchanteurs efficaces... et romanesques.

Dans un café, je rencontre deux héros zèbrés : Hugues Le Bret, hilare, et Ryad Boulanouar, circonspect, les deux inventeurs de compte-nickel.fr qui viennent d'engager une révolution discrète : rebancariser à fond la caisse les 2,5 millions de citoyens qui n'ont pas de RIB (imaginez votre vie quotidienne sans adresse bancaire...). Ces deux francs-tireurs (au passé dans les clous pourtant) ont imaginé une banque atypique : sans banque, sans dépôt minimum, sans condition de revenus et disponible pour 20 euros par an chez les buralistes sur simple présentation d'une pièce d'identité. Riches et pauvres paient la même chose ! Tous les enchaînés au cycle infernal (découvert = 20 euros le rejet d'un prélèvement + lettre de relance à 13 euros +...) peuvent redémarrer leur vie et s'inscrire à nouveau dans une agence intérim, se faire payer, encaisser un chèque. Vivre ! Nos élus ont fait voter d'innombrables lois à peu près sans effet pour tenter de régler ce problème insoluble, compte-nickel.fr le FAIT ! 80 000 comptes ouverts en un an grâce à une étonnante logique de proximité qui tient compte de la réalité affective : les parcours ô combien humiliants de ces gens maltraités par le destin. Chez le buraliste du coin, on ne vous pose pas de questions blessantes, indiscrètes. En cinq minutes, vous obtenez un compte, un RIB et une carte Mastercard. Et Ryad Boulanouar, père surdoué de l'outil informatique, a mis toute sa joie à offrir un service bancaire très haut de gamme aux déshérités de la terre. Par intérêt ? Non, par fierté, parce qu'il est né du mauvais côté. Ce perfectionnisme social est sa manière, élégante, de boxer la fatalité. Avant de rejoindre les Zèbres, Ryad me fixe franchement et lâche :

— Pourquoi tu fais ça, toi ?

— Pour la France, les gens.

— Ça me va !

Il se détend, me serre la main et rejoint l'armée des Faizeux, la fronde des Zèbres que leurs commettants respectent, des leaders décadrés que la France cherchait : Isabelle Larochette, fondatrice de I loge you (fondation soutenue par les trois grands réseaux d'agences immobilières et la Fondation de France, elle finance et met en lumière les meilleures associations qui œuvrent pour le mieux-logement), l'ahurissant Vincent Safrat (personnage pittoresque à peine au courant de sa grandeur) qui, blessé que les enfants de nos cités et de nos campagnes ne jouissent pas de livres sur leur table de nuit, a créé, entre deux chagrins d'amour, une maison d'édition jeunesse associative (lirecestpartir.fr) qui, chaque année, vend deux millions de livres à 80 centimes d'euro en dehors du marché du livre (cet improbable fait le boulot du ministre de la Culture sans bénéficier de cataractes de subventions), François-Afif Benthanane (inventeur de Zup de co qui organise le tutorat et l'aide aux devoirs – à grande échelle – des collégiens par des étudiants volontaires) et des dizaines d'autres. Tous ces Faizeux sont la preuve vivante que la France sécrète ses solutions, qu'elle est capable de se sauver elle-même sans plus s'abandonner aux mirages d'une action publique impécunieuse désormais.

Derrière ces actions de rupture, il y a toujours un caractère surgi d'un roman improbable, un de ces individus survoltés que l'Histoire fabrique et dont le tour d'esprit présente quantité d'analogies avec les irréguliers qui ont hanté mon adolescence. Depuis que je bouquine, j'ai toujours été nourri par l'énergie des grands Zèbres qui nous ont devancés, par l'intensité de leurs passions.

Souvenirs numéro trois

Adolescent, je fréquentais moins mes contemporains que les héros des biographies qui dilataient mes rêves. De là un certain goût pour les artistes de l'impossible et les grands dératés de la politique.

Mes copains allaient en bande au cinéma, je dînais souvent avec Louis XI[1] au McDo, m'entretenais nuitamment avec le très charmant Disraeli[2], écoutais le financier Jacques Cœur, décryptais un Fouché bilieux qui domina toujours chaque nerf de sa figure[3], consultais le ragoteux Saint-Simon aux toilettes, riais aux éclats avec Talleyrand en compagnie de mon père, me prélassais auprès des grands conventionnels frappés de proscription, sautais en pensée sur le bateau de Magellan et passais des heures auprès des êtres dissimulés au sein des grands événements de l'Histoire. Dans la pénurie de leaders créateurs où la

1. Ah, la biographie de Paul Murray Kendall !
2. Qui n'a pas lu sa bio écrite par André Maurois ne connaît pas le plaisir de lire.
3. Négliger la biographie de Stefan Zweig est un crime.

France était déjà, je faisais par la lecture provision de maîtres à oser, et m'attachais ainsi des professeurs qui éclairaient mes débuts d'amant et de citoyen. Les lignes décisives de leur caractère m'aidaient à deviner les miennes, encore indécises.

Personne n'a plus médité la correspondance de Joséphine et de Napoléon, dont l'entrain m'a toujours vivifié. Cet énergumène, sans cesse à cheval, mit à aimer l'électricité qu'il dépensait en tout. Il oppressa bien entendu sa malheureuse bienheureuse, l'assiégea, la délivra, la combla, la frustra, l'emporta, la délaissa et la reprit. Mais avec ce dingue d'action, aimer est réellement un verbe ! Jamais elle ne resta en paix. C'est lui, l'amant suractif, qui m'a enseigné l'art d'aimer en toutes circonstances, à jet continu, en s'interrogeant toujours sur sa conquête et en pratiquant systématiquement l'offensive. Mais c'est le stratège en lui qui m'a appris que *la carte n'est pas le territoire*, et que le réel recèle toujours plus de solutions inattendues que ce que l'on imagine. Cet inaplatissable n'assimila jamais les freins du monde. Lorsque j'appris son retour de l'île d'Elbe – tout de même délicat sur le papier –, je venais d'être quitté, à dix-sept ans, par une beauté celte, un peu mariée, qui m'avait broyé le cœur. Cet épisode napoléonien me fit revenir dans des dispositions d'attaquant : je débarquai nuitamment dans son domicilebrestois et, suscitant l'étourdissement, fus – contre toute attente – exquisément payé en retour. Ah, les « cent jours » devraient redonner de l'espoir à tous les vaincus la terre, regonfler à jamais les cocus en quête de rebond !

De Frédéric de Hohenstaufen, l'empereur d'Occident du XIIIe siècle, je n'appris rien d'utile dans ma vie amoureuse. Ce génie n'est responsable d'aucun stratagème sentimental dont j'aurais pu être le bénéficiaire. Mais sa biographie écrite par Benoist-Méchin me montra jusqu'où il est possible d'agir sur l'âme occidentale. Ce livre me tomba entre les mains un soir de mes seize ans que j'attendais un coup de téléphone d'une très méchante qui captivait mes sens. Je commençai à le feuilleter, me laissai entraîner et découvris que c'était lui, Frédéric, qui avait importé en Europe la science expérimentale arabe en invitant des professeurs musulmans dans les universités chrétiennes. Décision politique d'une portée incalculable ! La Renaissance découla de son initiative culottée qui ne contribua guère à le rabibocher avec le pape. Ce décadré m'enseigna, ce soir-là, que le pouvoir de haute inspiration est celui qui prend en charge l'évolution des modes de pensée de notre espèce. Quand la fille cruelle finit par m'appeler, fort tardivement, je lui raccrochai au nez. Le programme nocturne qu'elle évoqua en termes directs me parut soudain bien pâle !

Un autre homme entra dans mon existence dans un moment où je désespérais de tout. Une autre vipère, experte en cynisme sentimental, avait entrepris de me faire désaimer l'amour aux alentours de mes dix-huit ans. Me détruire avec perversité lui procurait un plaisir sans partage. Le panard total ! Mais, dans sa malfaisance, cette Merteuil improvisée commit l'impair de me faire connaître Gil Eanes, navigateur quasi inconnu du XVe siècle qui la fascinait. Sans doute l'un des hommes qui m'ont le plus donné envie de vivre en outrepassant les limites psychiques que les sociétés s'imposent. Eanes est le premier marin qui doubla le cabo Bojador, dit cap de la Peur, situé au large du Maroc. Pendant deux mille ans, les Européens y avaient vu la limite physique du monde, le cap effrayant au-delà duquel on tombait dans le vide ou sombrait dans une mer de ténèbres. Ce mur psychologique, supposément infranchissable, fut pourtant enfoncé en mai 1434 par ce capitaine portugais qui, le premier, osa transgresser cette trouille en s'aventurant le long de la côte africaine. Eanes récusa ainsi tout ce que ses pairs et pères lui avaient enseigné, désobéit aux mythes anciens qui avaient alors statut de vérité et ouvrit la route aux grandes explorations. Ce défonceur de murs psychiques reste mon maître.

Ces gens-là, avides de pensée différente et bousculeurs de frontières, n'ont pas fini de naître. Rien n'écrasera jamais leur vitalité remontante qui, au fil des siècles, réapparaît toujours quelque part sur le globe. Chacun dans leur domaine et à leur échelle, modeste ou vertigineuse, ces dingues recommencent le monde. Ils dépassent les nouveaux caps de la Peur !

Nous sommes bien la solution !

Foncez voir sur le site bleublanczebre.fr !

Les Zèbres y pullulent, se ruent à la tâche par des voies détournées pour réparer la nation et faire le boulot des politiques qui, notre endettement étant ce qu'il est, ne peuvent plus mobiliser de crédits. Parfois, hélas, ils proposent des stratégies remarquables mais sous-dimensionnées.

Un cas[1] m'a proprement fasciné : Solidarité nouvelles face au chômage (SNC). Cette association exemplaire pilotée par Gilles de Labarre[2] propose aux chercheurs d'emploi un soutien très personnalisé, grâce à un réseau de 1 600 accompagnateurs bénévoles. Leur savoir-être et faire est exceptionnel (taux de retour à l'emploi de 60 %) et permet à tout piéton d'agir sur ce désastre social en lui consacrant une heure par semaine. Au moment où le système de

1. Parmi cent autres, mais je ne peux citer tout le monde dans cet ouvrage !

2. Fondée jadis par Jean-Baptiste de Foucauld.

masse de Pôle emploi – avec qui il collabore – montre clairement ses limites (ils assurent le *back office* financier, très mal le *front office*, le contact fraternel avec le peuple). La matrice est là avec ses procédures bienveillantes et ses méthodes éprouvées. Ne reste plus qu'à faire de SNC un champion national en multipliant les alliances, dans l'intérêt de notre population mise à pied, esseulée, dévalorisée. À Lire et faire lire, nous n'avons pas fait autrement. Isolé, personne ne peut grand-chose. Ardemment, et stimulé par la chaleur solaire de Gilles de Labarre, je me mets en quête de partenaires hors du commun pour accélérer. Cela calme ma colère, me permet d'échapper au mépris de soi. La France dans la dèche ne peut pas attendre : elle a besoin que ceux qui savent agir élargissent leur champ d'action.

Dans le quartier de La Défense, un beau matin nous squattons une réunion de Voisins solidaires (un programme d'Atanase Périfan qui développe les solidarités de proximité en complément des solidarités institutionnelles et familiales) pour sensibiliser les DRH des tours de verre de ce quartier à l'existence de ce programme civique. Tous mordent car tous vivent avec un franc désespoir les licenciements auxquels ils ont procédé en cette période traumatique. Et soudain, le miracle apparaît sous les traits d'une extravagante, sans égale en liberté : Bénédicte Tilloy, DRH du réseau ferré de la SNCF – une armée active au sein de laquelle les traditions de solidarité sont vivaces. Bénédicte a surgi dans ma vie par un DM (message privé) sur Twitter. Cette frénétique des réseaux sociaux traque comme moi les dingos de vie, les aspirateurs à idées neuves, les amateurs de folies efficaces et les gentils. J'insiste sur ce point car il est essentiel de comprendre que la créativité de la société est toujours portée par des gens inaptes au moule, férus de liberté et naturellement bienveillants. La flamboyante Bénédicte Tilloy que je laisse à ses rêveries – elle a des yeux somnambuliques et profonds – dans un café de Montparnasse va s'attacher à implanter des groupes SNC au sein de la SNCF pour que ses salariés *fassent leur part* ; c'est en cours. En démarrant mon scooter dans le froid, je me dis : « Ah, comme j'aime Paris ! Une ville qui produit de telles culottées mérite qu'on se réjouisse d'être né ! » Chez elle, je suis sûr qu'il y a une moquette jonquille et des livres effarants à n'en plus finir.

Mais la province a sa part de déjantés civiques.

Est également en cours le développement national d'un programme marseillais : le zébresque CVstreet. Inspiré du mouvement Do It Yourself, CVstreet accompagne les chercheurs d'emploi et porteurs de projets par des actions de communication, de prospection, d'entraide, de mentorat et de mise en réseau. Le principe, très abbépierresque, est simple : « On m'aide, j'aide en retour, je suis le premier maillon. » L'animal remuant qui l'a créé, Cyril Slucki, a été en 1996 le fondateur du premier réseau de télétravailleurs en France[1] ; mais le plus fou est que son action est partie de l'envie de faire un film : l'histoire d'un chômeur qui va aider les autres en collant des CV géants dans la rue. Mordu de son sujet, Slucki le

1. cyberworkers.com.

survolté a fini par incarner ce personnage auquel il s'est identifié au point de devenir le très pragmatique président d'une association dont l'objectif est bien de faire naître une sorte de Restos du cœur de l'emploi. Le réel, soudain, s'est substitué à la fiction pure[1]. Voilà par quels chemins romanesques passe la créativité d'une société charnellement passionnée de solutions.

L'association Force femmes qui accompagne les chômeuses en mettant à leur disposition un réseau de spécialistes est également née de bienveillances, de blessures. On est loin des commissions parlementaires sans ardeurs et des conciliabules énarchisés censés contrer les débâcles de la République. Toutes les solutions inventées par des citoyens naissent de parcours rudes, de rêves meurtris, de courages défiés par le sort – de la chair même de nos souffrances sociales. Et d'enragés qui ne savaient pas que c'était impossible, et qui l'ont fait. Sans se soucier d'avaler des mètres cubes de rapports de la Cour des comptes.

Et puis l'enthousiasme sincère pour la France autorise à tout demander à tout le monde. Quand l'important est en jeu, personne ne renaude pour payer son écot. Entre deux paragraphes de ce livre, je fonce rejoindre la présidente de l'Association RMC/BFM, Isabelle Weil. Dans un bureau glacial, nos cœurs battent. Enthousiaste, meurtrie par les attentats des 7 et 9 janvier 2015, elle offre à la France une campagne gratuite de recrutement de bénévoles pour Lire et faire lire sur l'antenne de RMC. Budget

1. Le film sortira tout de même en 2015.

fou, inaccessible à une association. Alors que je n'ai rien demandé ! France Télévisions et TF1 suivront le mouvement avec joie en offrant une campagne publicitaire gratuite. Je sens bien dans ce genre de rendez-vous qu'il y a chez ceux qui disposent de leviers l'envie de FAIRE, de renverser la table de manière positive et d'aider les courageux.

L'un de nos Zèbres m'émeut tout particulièrement par sa noblesse hilare et sa truculence. Sa mission est douloureuse, il rayonne. Ce Zèbre guérit la faim, il exulte de joie. De Marivaux il a l'élan, de Guitry l'abattage. Guillaume Bapst est anormal en tout : fondateur d'un réseau de trois cents épiceries solidaires (l'ANDES), ce jovial nourrit des centaines de milliers de personnes dans la dignité, lutte farouchement contre l'exclusion en refusant l'assistanat et promeut leur insertion. En caisse, ses clients précaires paient de 10 à 30 % du prix courant. On ne leur fait pas l'aumône ; Guillaume tient à respecter les gens, comme il tient à ce que les démunis puissent choisir eux-mêmes leurs produits sur des linéaires, comme tout un chacun. Il sait que cet acte est socialisant. C'est lui qui récupère et trie ce qui est jeté à Rungis, qui distribue à d'autres mouvements que le sien le produit de cette collecte et qui mitonne des soupes solidaires (succulentes, je les adore !) distribuées chez Monoprix. Dans tous ses métiers, on trouve des gens en réinsertion qui, une fois formés, fileront dans les entreprises avec qui il a signé des accords de formation. Et, comme ce perfectionniste manquait de produits frais, il a acheté des fermes ! Ce généreux raisonne comme un couteau suisse qui s'inventerait des lames chaque semaine. Il n'en finit pas de faire jaillir des solutions opérationnelles là où les petits-gris qui ondoient dans les ministères ne voyaient qu'enlisements et problèmes. Le fréquenter, c'est apprendre à voir la vie dans le bon sens, à considérer la France comme un réservoir d'énergies dormantes... à réveiller !

Ses compétences multiformes font naturellement de Guillaume un leader dont la France n'a pas le droit de se passer ; comme elle ne devrait pas se passer, à plus large échelle encore, du savoir-faire du programme SOLAAL (Solidarité des producteurs agricoles et des filières alimentaires) fondé par l'ancien président de la FNSEA, Jean-Michel Lemétayer. J'ai rencontré ces gens fortuitement, dans une réunion d'Agrica, le groupe qui gère la protection sociale complémentaire du monde agricole. Fin 2014, Agrica s'est engagé dans la lutte contre le gaspillage alimentaire. Fascinant moment où, dans une salle parisienne, des professionnels très conscients de la crise sociale ont décidé spontanément de sortir du cadre et de *faire leur part* en usant de leur pouvoir d'action, en adultes responsables.

J'en pleurais d'émotion en attendant mon tour de parole. Pourquoi diable ces gens se conduisent-ils comme des anges ? Par quel miracle songent-ils à ce point aux autres ?

Ce système – SOLAAL, intimement lié à la FNSEA – facilite les dons de produits alimentaires en favorisant le lien entre les donateurs (agriculteurs, coopératives, enseignes, industriels) et les associations caritatives ; mais il ne peut bien fonctionner que parce que SOLAAL est issu du monde agricole et non d'une injonction publique. La confiance entre professionnels suppose l'envie d'agir des intéressés. SOLAAL assure la logistique. En 2013, 120 tonnes de fruits et légumes et 7 millions de tonnes de litres de lait ont été donnés dans l'indifférence quasi absolue des médias. Les œufs, les produits frais, le jus de pomme, etc. Les acteurs de ce type sont les véritables dépositaires des solutions car ils viennent du cœur des professions capables de les piloter de manière responsable, sans bouleverser les cours et en incarnant leur sens éthique.

Partout s'éveille donc dans ce pays ébranlé, excédé de règles, un esprit de responsabilité qui conduit les uns et les autres à sortir du cadre, puisque le cadre institutionnel ne fonctionne plus. Chacun sent bien qu'il faut réparer soi-même la société, en usant de moyens à sa portée.

Instant magique où je rencontre dans un café parisien moelleux le directeur marketing de McDonald's France. Lui et son équipe ont décidé d'utiliser durablement leur puissance et, surtout, leur accès aux classes populaires pour favoriser la lecture en France, là où s'enkyste l'échec scolaire. L'homme, d'une fausse lenteur, sait qu'il doit piloter un groupe commercial et que son image est un capital immense mais je sens bien en parlant avec lui qu'il veut servir, que ses muscles commerciaux contribuent au bien commun. Les éternels dubitatifs ne me croiront pas mais je sais reconnaître un franc cynique d'un citoyen qui cherche un bénéfice commun pour son entreprise et son pays ; ce qui est à la fois beau et légitime. J'écrirai pour eux une collection de douze albums jeunesse, dessinés par Hervé Legoff et publiés par Hachette Jeunesse qui seront proposés dans les menus Happy Meal à la place des jouets. Nous savons que ces livres de belle facture, cartonnés, seront probablement les premiers qui entreront dans les chambres d'un nombre extraordinaire d'enfants éloignés de la librairie et des médiathèques. Tirage global : un certain nombre de millions d'exemplaires. L'opération a commencé le 14 janvier 2015. Aucun ministère de la Culture n'aurait jamais pu atteindre aussi massivement ces milieux ni mettre en place une logistique pareille. Avec ces salariés de McDo, j'ai soudain la conviction qu'il faut activer la puissance civile pour mener une politique culturelle réellement populaire et, surtout, que sans l'appui de ces acteurs situés hors du cadre, l'État restera un nain dans ses ambitions éducatives et civilisatrices. L'enseigne Cultura emboîtera bientôt le pas, avec une sincérité que je sais entière. Nous devons réorienter nos outils privés dans l'intérêt supérieur de la nation en quittant tout a priori bien-pensant qui se retournerait contre les classes défavorisées. Le temps n'est plus à finasser. La guerre contre l'échec scolaire massif passe aussi par la promotion du plaisir de lire – seule garantie de la pérennité de l'acquis scolaire. Pour être gagnée, cette lutte exige que l'on se batte partout, sans prévention mal placée. Il n'est plus admissible de laisser s'élargir la fracture sociale sans sonner la charge en mobilisant toute la société.

Toute, cela veut dire également les décadrés complets qui fabriquent la nouvelle économie sociale et solidaire avec une intelligence flexible et une joie de vivre élastique. Qui n'a pas mis les pieds dans les espaces de coworking de Darwin, à Bordeaux, sur le quai des Queyries, ne sait pas à quel point un autre monde naît, nettement plus respirable ! Fêtard, écoresponsable, fraternel et efficace économiquement ! On y trouve à demeure toute la nouvelle économie collaborative, et d'innombrables opérateurs capables d'assumer techniquement la transition écologique. Mais comme toujours, à la tête de ce genre de ruche, embarquant les Darwiniens et leur soufflant dans les bronches, il y a un fêlé suractif, une sorte de poète de l'action collective : Philippe Barre, l'homme déréglé qui, avec son comparse, a convaincu Alain Juppé de lui confier la caserne Niel à l'abandon pour que vive, au bord du fleuve, une autre manière d'être citoyen. Il n'est pas seul, bien entendu, mais j'ai senti que l'âme du lieu, s'appliquant toujours à s'effacer derrière les autres parce qu'il les aime, c'était ce dingue. Ma rencontre avec Philippe – je le sais, nos vies se tresseront – est de celles qui donnent confiance en l'homme. Sa manière d'évoquer sa bande de copains d'enfance impliqués dans cette aventure m'a bouleversé.

Mais les Zèbres n'oublient pas les savoir-faire rodés des vieilles institutions...

Un samedi, je bondis sur mon scooter en me demandant comment entrer en contact avec les

Apprentis d'Auteuil, mouvement catholique exemplaire qui œuvre – avec des résultats ahurissants – pour l'insertion professionnelle de gamins promis à tous les chemins de traverse. J'ai déjà laissé quelques messages téléphoniques mais on me balade (fort poliment) de service en service. Difficile d'expliquer à la fille de l'accueil que je cherche à faire une révolution civique avec les Apprentis... Et soudain, alors que je jacasse au téléphone avec un programme zèbre en conduisant mon scooter (je sais, je ne devrais pas), un motard costaud me fixe à un feu rouge. Il démarre en trombe, me fait une queue de poisson, dérape et bloque mon scooter rue Saint-Lazare à Paris. Le conducteur – une baraque – saute de sa moto puissante et fonce vers moi en ôtant son casque. Va-t-il m'asséner un coup de boule ? Non, le malabar me jette un sourire à fendre le cœur.

— J'ai reconnu votre voix au feu rouge ! Gilbert Magnier, directeur des Apprentis d'Auteuil pour l'Île-de-France. Je vous cherchais partout dans Paris !

— Moi aussi...

— La Providence !

Coup de foudre immédiat entre zébrés sur le bitume parisien, sous les auspices de la Providence. Nous avancerons de concert. Le pays ne peut plus refuser de donner d'immenses moyens à des Faizeux aussi efficaces et distribuer des milliards à des systèmes publics mal ou peu évalués, sans grande prise sur le destin des jeunes.

La France ne peut pas non plus s'obstiner à ne pas tirer profit des zones d'excellence de la fonction publique, des administrations créatives qui savent réparer la société. Ça suffit ! Qu'on se le dise, l'État est un foutu repaire de Zèbres ! Et pas seulement dans l'Éducation nationale où fourmillent – souvent en affrontant leur hiérarchie – des initiatives culottées et pertinentes pour que vive l'intérêt général. Nos contacts avec les gendarmes les plus novateurs m'ont rassuré sur ce point ; tout comme les autres « Zèbres publics » que l'ami Xavier Quérat-Hément[1] ne cesse de faire affluer vers moi. Sous les képis et autres uniformes, j'ai vu bouillir des esprits zébrés, infiniment créatifs, dont je préfère taire les noms pour leur éviter des embrouilles avec leurs chefs sourcilleux !

Un soir, une Zébrette m'arrange un curieux rendez-vous avec des militaires... Je me présente rue Oudinot à Paris, au ministère des Territoires d'outre-mer. Un colonel géant m'accueille[2], le sourire aux lèvres, forte pogne. D'une longue et preste foulée, il m'entraîne dans le bureau du général Loiacono, une pile atomique d'énergie et de franche bonté. Un Bonaparte de bonne humeur, doté d'un cœur et plein de reparties cogneuses à la Clemenceau mâtinées d'Audiard. Me voilà donc en face de deux ardeurs civiques, un longiligne et un replet, qui respirent l'esprit France libre, la joie de tenir tout homme en haute estime. Les deux militaires m'expliquent qu'ils gèrent un dispositif méconnu en métropole : le Service militaire adapté (SMA), service volontaire de dix mois qui prend en

1. Directeur qualité du groupe La Poste, l'homme qui a chamboulé nos bureaux de poste, un génial stratège du changement ! Si vous ne faites plus la queue dans votre poste, vous le lui devez.

2. Le colonel Haristoy.

charge dans les DOM-TOM des jeunes volontaires sous statut militaire. 44 % souffrent de graves déficiences scolaires. Au bout de dix mois, 77 % en sortent avec un contrat de travail... 77 % des 5 650 jeunes dont ils prennent soin chaque année ! Dont 48 % décrochent un contrat de travail stable (CDI ou CDD de plus de six mois) ! Mon émotion est si forte que j'en défaille presque. Et cela pour un tarif imbattable car le statut militaire du SMA lui permet d'échapper à toutes les normes débiles qui font exploser les coûts des programmes civils du même type, souvent remarquables (École de la deuxième chance, etc.). Nous détaillons les Zèbres qui pourraient aider leur développement, dans l'intérêt de la France.

— Quel âge ont vos jeunes ?

— 20-23 ans.

— Pourquoi pas 18 ans ?

— On attend qu'ils aient suffisamment faim pour qu'ils acceptent de bon cœur la contrainte militaire, et à 23 ans on est sûrs qu'ils ne fileront pas s'inscrire illico au RMI !

Leurs 44 % de jeunes qui ont besoin d'une remise à niveau scolaire obtiennent à 92 % le certificat de formation générale de l'Éducation nationale ! Fièrement, ils m'expliquent leurs méthodes numériques, développées depuis vingt-cinq ans par des orthophonistes et des neurologues de la société privée GERIP, évaluées par les agences régionales de santé. Je reste sidéré. Pragmatiques, ces fonctionnaires n'ont pas le « réflexe service public », ils ont le réflexe du service au public : le sens de la nation, de l'intérêt des jeunes dans la mouise. La remédiation cognitive les obsède.

— Avec nos jeunes, vous n'obtiendrez pas plus d'une demi-heure d'attention véritable en classe, même réduite, m'explique le colonel Haristoy avec fièvre. Alors que sur ordinateur, ils peuvent jouer des heures avec nos onze mille exercices qui valorisent leurs acquis, dans une logique de succès !

Devant moi respirent deux pros du terrain, deux vrais manieurs de jeunes en galère, deux experts de la coopération avec le petit tissu économique local. Chaque année, ces Faizeux affûtés et leur bande – des pirates dans leur écosystème puisque ces officiers supérieurs ne dépendent pas du ministère des armées mais de l'outre-mer – remettent radicalement en question leurs filières de formation en fonction des besoins des territoires. Dans les DOM-TOM, les embaucheurs savent désormais qu'un jeune issu du SMA est ponctuel et structuré. Je reste abasourdi par la qualité de leur travail, par le service que ces deux inconnus rendent à la France. Mon cœur bat. Une question m'obsède :

— Vous n'auriez pas un plan d'invasion de la France ?

— Si ! répondent mes compères gradés.

— Combien de jeunes pourriez-vous traiter sur votre modèle ?

— 120 000 par an. Le plan est prêt.

— Le plan d'invasion de la métropole ?

— (*Rires.*) On n'appelle pas ça comme ça !

J'apprends qu'ils ont obtenu une écoute favorable de l'Élysée... comme de chaque président ; mais pour l'instant, rien ne bouge vraiment, comme d'habitude. Malgré quelques annonces présidentielles d'expérimentation sur le sol métropolitain[1]. D'ailleurs l'armée de terre, tétanisée par les coupes budgétaires, a pour l'instant d'autres chats à fouetter. Une idée passe dans ma cervelle surmenée : et si l'importation du SMA en métropole était pilotée, à grande échelle, par les gendarmes – une autre variété de militaires, à pelage ultra-républicain – qui, eux, doivent gérer la misère du monde ? L'envie soudaine me prend d'aller leur en parler... Ne trouveraient-ils pas intérêt à ce qu'un outil puissant d'intégration par le travail s'installe dans les territoires qu'ils peinent à contrôler ? Même si l'armée de terre aurait sans doute plus de réservistes à affecter sans délai. D'expérience, je sais qu'un politique n'accepte de régler un problème que si on lui apporte des opérateurs conquis, prêts à œuvrer et déjà en ordre de bataille. Mais une chose est certaine : la société civile devra se battre pour les Faizeux de la fonction publique, leurs cousins rayés !

Quand on consent à ouvrir les yeux sur les compétences fascinantes de notre population, on ne peut qu'admettre l'évidence dissimulée par une vie médiatique obsédée par les ratages collectifs : nous, les citoyens Français, sommes bien la solution !

1. Comme si des décennies d'expérimentation dans les DOM-TOM ne suffisaient pas ! Comme si le travail exemplaire en métropole des EPID (version du SMA sans la militarité) n'avait pas prouvé mille fois son efficacité... Mais qu'attend-on pour faire les choses en grand ?

Le roman français

Comment un écrivain ivre de mots légers peut-il vivre au milieu d'autant de faits rugueux ? Par quel miracle ai-je pu convertir ma nature romanesque en celle d'un militant associatif qui évolue au milieu de problèmes si peu littéraires ?

Cette mue se fait sans peine car ce que réalisent tous ces gens m'apparaît comme les pages du grand roman français. Je ne vois pas ce qu'accomplissent l'invraisemblable Quérat-Hément, l'impossible Loiacono, le lumineux Gilbert Magnier, Philippe Barre, le directeur marketing de McDonald's, Guillaume Bapst et tous les autres ; ma fièvre est de les regarder comme les héros d'une nation qui se recommence. Il y a une exceptionnelle force romanesque chez ces fous furieux, mais la plupart semblent l'ignorer. Isolés chacun dans leur monde (j'allais écrire leur chapitre), ils ne s'aperçoivent pas, les uns et les autres, qu'ils appartiennent à l'immense famille des Faizeux ; c'est-à-dire des grands caractères anormalement vivants qui redessinent le monde, des coriaces inaplatissables, à l'armée des citoyens inaptes à se couler dans un moule. La plupart semblent ne pas se douter de l'ampleur du roman français auquel ils participent avec fougue, comme s'ils ne savaient pas l'énormité du mouvement historique auxquels ils donnent vie jour après jour : le glissement inexorable d'un modèle dominé par l'État français à un modèle dominé par les Français eux-mêmes. Peut-être est-ce là une part de leur beauté et de leur noblesse. Occupés par le réel dans lequel ils se débattent, ils s'inscrivent à leur insu dans une histoire qui les dépasse et qui, demain, s'appellera sans doute l'Histoire.

Romancier, je le vois chaque matin avec jubilation.

Écrivain, je suis né avec la faculté bizarre de sentir les histoires qui se déploient derrière l'apparence. Je sais d'instinct que quelque chose domine toujours les événements épars ; c'est le récit puissant qui leur donne sens. Qu'il soit rêvé par un auteur fiévreux ou organisé spontanément par le destin. L'histoire racontée est toujours plus forte que les chapitres qui la composent ; elle impulse une énergie formidable, transfigure les échecs et donne confiance aux hésitants.

Or le malheur veut que les présidents qui se sont succédé depuis François Mitterrand n'ont pas raconté à la France de grands romans vivifiants. Nous ne sommes plus présidés depuis longtemps. Nombre de commentateurs ont voulu faire croire que cette situation était due à l'établissement du quinquennat qui aurait en quelque sorte écrasé les fonctions de président et de Premier ministre. Je crois plus juste de dire que les individus qui ont eu l'air d'être président de notre République au cours des dernières décennies ont cessé d'occuper la fonction narrative qui est pourtant au cœur du métier présidentiel, tel qu'il fut pensé par Charles de Gaulle. Jamais ce dernier ne répondit, dans ses conférences de presse, aux questions qu'on lui posait en termes techniques ; toujours il s'exprimait en auteur du grand roman national, laissant à d'autres le soin d'apporter les précisions qu'il jugeait liées à leurs fonctions. Lancer du haut d'un balcon montréalais « Vive le Québec libre ! », c'est déchaîner un roman identitaire, ranimer les feux d'un récit collectif ; ce n'est pas commenter un chiffre.

Toute aventure collective a besoin de griots, de conteurs décisifs, de metteurs en mots qui regardent les autres comme des héros de fiction. Les hommes sont avant tout des êtres d'histoires. Surtout quand se lève la tempête !

Vent de révolte

Peu de gens en ont conscience mais l'esprit zèbre se propage à la vitesse du vent de révolte qui souffle sur l'ensemble de nos professions. Le nombre de citoyens qui se prennent radicalement en main explose dans l'adversité. La CGPME (Confédération générale des petites et moyennes entreprises) s'engage dans les manifestations du 1er décembre 2014 ? Je file les voir et rencontre un Zèbre à pelage dru, d'une vitalité hors du commun, le patron de la CGPME d'Île-de-France : l'invraisemblable Abdellah Mezziouane. Un nez volontaire soudé aux sourcils. Il ne parle pas, il scande des mots à l'emporte-pièce. Quiconque souffre de dépression aggravée doit serrer la main de Mezziouane ; il ressortira guéri, requinqué, propulsé. Cet être survitaminé aux curiosités multidirectionnelles fonctionne à vingt-six images/seconde, en accéléré ! Aucun fardeau de calamités ne l'abat, comme s'il savait le rôle de la pugnacité dans les destinées humaines et combien nous ne devons nous préoccuper que d'une chose sur cette terre : faire pour le mieux sous la grêle. Porté par ses colères, conscient que les outils publics s'adressent en réalité aux grosses firmes (ah, la Banque publique d'investissement si obnubilée par les dossiers grassouillets, si peu intéressée par les microdossiers !), il a entrepris de transformer sa CGPME régionale – avec la bénédiction de son président François Asselin – en centrale d'assistance concrète aux entrepreneurs, sans rien attendre d'en haut. La transmission des petites entreprises est-elle un enjeu considérable pour l'emploi ? Ce Faizeux acharné a lancé le programme Diagnéo (« que vaut mon entreprise sur le marché de la transmission ? ») et une tripotée d'actions zébresques qui donnent envie de fermer le ministère des PME et de disperser ses fonctionnaires. Abdellah est, comme nombre de nos leaders, un geyser de solutions.

Comment ne pas voir que des individus de ce calibre, malaxés par la vie et aguerris, sont naturellement appelés à des fonctions considérables pour servir la France ? Qui ne voit qu'un Abdellah Mezziouane, un Philippe Barre, un Hugues Le Bret sont d'une étoffe sans commune mesure avec celle de l'énarque moyen qui, confit en procédures et pavoisé de certitudes administratives, encombre les organigrammes de la puissance publique ? Leurs audaces les ont fait naître à eux-mêmes !

Autres révoltes, autres Zèbres inattendus, autres colères qui ne demandent qu'à devenir positives ! Derrière toute rage recuite sommeille une énergie, un amour furieux de la vie. Ma rencontre avec les

Bonnets rouges m'a tout bonnement subjugué. Que montraient nos télévisions pressées ? Des images de barrages en flammes, de violences multipliées. Avait-on affaire à d'hirsutes gros bras écervelés ? Je suis tombé sur un gisement de responsabilité civique, un altruisme agissant, des êtres enracinés dans une culture de la coopération, de ces vrais courageux avec qui il est possible de bâtir une nation. Leur mot d'ordre est volontariste : « Nous voulons reprendre nos affaires en main. » Par un journaliste de *Ouest-France*, j'obtiens le numéro de portable d'un leader syndicaliste agricole, l'homme qui contrôle les divisions blindées de la révolte bretonne (leurs tracteurs). Le premier contact téléphonique fut viril :

— Vous êtes le gars qu'écrit des romans à Paris et qui causait sur Canal Plus avant ?

— Oui, ai-je balbutié.

— Heu... On peut être paysan et lire quand même ! Bon, moi je vous lis pas mais ma femme oui.

De contacts rugueux en discussions franches, je rencontre Thierry Merret, le leader syndicaliste agricole (de la FDSEA du Finistère). Une merveille d'homme solide, l'attention aux autres incarnée. Je découvre par lui l'énormité de ce que les paysans bretons ont entrepris pour assurer eux-mêmes leur avenir. Le résumer à quelques images d'incendies est une trahison, un pur scandale, une désinformation.

— Les légumiers Breizh sont actionnaires majoritaires de la compagnie maritime Brittany Ferries, m'explique-t-il. Ça nous permet d'exporter notre production à des coûts maîtrisés. On a aussi bâti une compagnie ferroviaire à qui la SNCF mène la vie dure, pour contrôler nos prix de transport.

Cet homme et ses amis se battent. Alors, quand les mini-Colbert parisiens ont résolu d'installer des portiques payants sur leurs voies rapides, en faisant fi des efforts obstinés de toute une profession à l'agonie pour régler la question du coût des transports, ils ont vu rouge. La manière de les mettre en place (au nom d'un principe qui niait le réel) fut ahurissante à un degré rare ; exposant ainsi les citoyens à régler, *in fine*, une note ubuesque de près d'un milliard d'euros. Les exploitants ont commencé à mettre des bonnets car la vérité est qu'ils deviennent légitimement fous face à la prolifération des normes qui mangent leurs marges. Qui sait à Paris que les mises aux normes incessantes leur coûtent depuis longtemps plus cher que l'impôt ? C'est un deuxième impôt, administratif, qui n'avoue pas son nom. Les politiques ne mesurent pas qu'en cédant à tous les lobbies embusqués derrière la marée de normes qui s'est abattue sur la France, ils ont dévasté des secteurs entiers et creusé leur tombe. L'Europe n'est pas responsable de leurs conditions d'application exceptionnellement malfaisantes chez nous[1]. Nos mini-Colbert tricolores et

1. Passez cinq minutes autour d'un café avec Xavier Beulin, patron de la FNSEA, ou avec les chefs des FDSEA comme Merret, vous n'en reviendrez pas de la malfaisance des procédures inventées par nos hauts fonctionnaires tapis dans leurs institutions parisiennes et de l'insécurité juridique que leur démence– réellement sans frein – fait peser sur nos paysans. Bientôt ce sont des juges qui décideront des dates d'ensemencement ! L'application concrète du *compte pénibilité* au monde agricole est, à cet égard, un pur chef-d'œuvre de folie administrative. Courteline est battu à plate couture ! Mais qui peut en rire ?

leurs services shadokiens en ont rajouté mille couches ! Qui se rend compte au gouvernement qu'en ce moment même on ferme des centres de vacances sociales Léo-Lagrange à cause de mises aux normes impossibles à financer ? Qui dans les hautes sphères se soucie que nos mouvements d'éducation populaire restreignent leur action pour s'y conformer ? C'est une honte que porte la classe politique dans son ensemble !

— Pour le pouvoir d'achat de vos Bonnets, j'ai une idée...

— Quoi ?

— Faisons une mutuelle des Bonnets rouges, à bas coût, sur le modèle de la mutuelle de proximité de Véronique Debue.

— Véro qui ? me demande Merret.

Quelques semaines plus tard, je déboule avec quelques Zèbres au SPACE de Rennes (parc d'expositions régional) où se tient le « carrefour mondial de l'élevage » organisé par nos Bretons. Les Bonnets m'ont invité à leur excellente table où les verres ne désemplissent pas. L'humeur est au beau fixe depuis que quelqu'un, dans leur bande, m'a confié : « Y a des gars de chez nous qui se sont aperçus que nos vieilles faisaient votre Lire et faire lire dans nos villages, pour vrai. » D'un coup d'un seul je suis passé du rang d'intellectuel parisien à celui de Faizeux, ce qui valait promotion. Dans les allées du SPACE qui sentent la testostérone, je me fais l'effet d'un androgyne égaré au pays des hommes. À table, je vais découvrir que ces flambeurs de recettes d'impôts et ces bousculeurs de forces de l'ordre parisiennes sont des bâtisseurs dans l'âme, des leaders épris d'action, de solutions positives, des fous de Bretagne enthousiasmants ! Parviendrons-nous à construire une mutuelle des Bonnets rouges pilotée par les maires des communes où les Bonnets sont chez eux ? Aurélien Sallé participa à la réunion de coordination de tous les Bonnets à Carhaix pour leur présenter cette idée, adoptée par l'acclamation bigarrée des petits patrons, ouvriers, salariés, fonctionnaires (il y avait même des flics bretons à bonnet) et élu(e)s qui forment le cœur battant de cette région à jamais insoumise. Véronique Debue est revenue ensuite avec moi à Quimper, elle y passe du temps. Faudra-t-il faire usage d'un autre modèle ? Tout est difficile, les coûts ne sont pas légers. Les réunions auxquelles nous avons assisté à la DGSEA (syndicat agricole du Finistère) nous ont en tout cas démontré que la pulsion première de ces gens est bien de servir leur peuple, non de botter le cul aux préfets. Merret et ses camarades émeutiers ont dans le sang l'intérêt durable des classes populaires quand nos verts étatistes rêvent le monde sans même passer du temps avec ces gens-là.

Toute révolte débraillée ou endimanchée m'indique que des pans entiers de professions malmenées par l'État vont bientôt basculer dans l'escarcelle de Marine Le Pen si l'on ne reprend pas contact sur des bases positives, si l'on ne bâtit pas ensemble, dans une vraie bienveillance, des solutions pragmatiques pour que les mouvements les plus divers trouvent du crédit dans la population elle-même, excédée de soucis. Ma conviction est que pour être écouté et cru, désormais il faut FAIRE pour le peuple, rendre service à quelqu'un.

Quand éclate la révolte des notaires pilonnés par la loi Macron, un ami notaire[1] m'en parle. À la radio, j'entends leur ligne de défense : « Nous donnons gratuitement des conseils juridiques à la population, laissez-nous faire. » Par les réseaux sociaux, je tombe sur un jeune notaire déterminé de Savenay, dans le 44 : Vincent Chauveau. Je lui fais observer que leur argumentation serait plus solide s'ils donnaient des conseils gratuits dans les cafés populaires et non à leurs seuls clients, c'est-à-dire aux milieux culturellement aptes à pousser leur porte :

— Vous avez le droit d'être indigné, mais vous avez le devoir de le dire autrement !

Chauveau accepte la remarque et, inconscient, relève aussitôt le défi. Avec une obstination peu commune. Sans le soutien du Conseil national du notariat – dans un premier temps dubitatif, avant de l'épauler –, il fonde le Conseil du Coin à la force du poignet : un programme civique de conseils gratuits donnés par les professionnels dans les cafés populaires. Le 22 janvier 2015, ils ont déferlé dans les troquets parisiens, à Barbès, Belleville, partout où le cœur des gens quasi exclus du droit bat. On reconnaissait ces Zèbres à leur écharpe rouge. Quelle émotion ! Oui, ils étaient là pour donner des conseils gratuits aux pékins qui jamais n'entreront dans leur office. Dans le café bruyant où je les ai rejoints, près

1. Poète de sa vie, extravagant congénital, immense spécialiste de la trottinette à moteur à explosion...

de la Nation, il n'en revenaient pas de leur propre audace, d'avoir quitté le douillet de leurs études pour débouler là où personne ne les attendait : auprès des gens qui jamais ne seraient spontanément venus les voir. Chauveau embrassait ses confrères, était rubicond de fierté que tant d'entre eux aient porté haut leurs valeurs en s'enrôlant dans cette action.

Et le 7 février suivant, la France notariale a suivi en petites foulées, se postant dans les troquets des gares populeuses, aux portes déshéritées des villes, dans les bars ouvriers. Ces scènes hors du cadre m'ont fasciné. Démarche étonnante de la part de ces bourgeois inaccessibles aux yeux du grand public qui ont décidé d'exprimer leur révolte par du civisme. Derrière cela, il y avait quoi, ou plutôt qui ? Un notaire de province – maître Chauveau – qui a cru en une certaine idée de l'engagement notarial et a organisé le mouvement avec une poignée d'amis, même si ses instances supérieures ne validaient pas son projet. L'idée qu'il portait a fait son chemin grâce aux réseaux sociaux. Un homme habité, une idée simple, un compte Twitter. Comme quoi, tout est possible aux téméraires décomplexés. Le 7 février, 32 départements, 60 villes suivaient déjà le mouvement et 300 notaires s'engageaient, prenaient en main un problème français. Désormais ils sont plus de 2 500, et tous les réseaux du notariat ont adopté le Conseil du coin ! L'action va se pérenniser. Nous les avons accueillis et fêtés au sein de bleublanczebre.fr. En raison de leurs opinions et de la défense de leurs intérêts ? Non, simplement parce qu'ils FONT pour la nation, ils font autrement en sortant des sentiers battus. Le Conseil du coin sera l'un de nos piliers pour rassembler autour des Zèbres les acteurs qui, sur le terrain et en raisonnant hors cadres, ont déjà fait du chemin pour donner aux Français un accès réel au droit – par-delà les démarches étatiques qui, si elles ont le mérite d'exister, ne savent pas toucher les gens pas assez sûrs d'eux-mêmes pour pousser la porte d'une institution, là où ils vivent.

Ce sont les Guillaume Bapst nourrissant les autres, les Véronique Debue remboursant leurs soins, les Merret de cœur et les Chauveau planqués dans nos territoires qui, légitimés par les services qu'ils auront rendus à la France, redresseront notre peuple.

Mais comment ? me direz-vous.

J'entends déjà l'objection : « Certes, tout cela est noble et sympathique, mais ce catalogue à la Prévert de belles actions isolées et désordonnées ne tirera pas d'affaire la société française ! » Je vous l'accorde... sauf si les compétences s'agrègent, se coordonnent avec méthode et constituent sur l'ensemble des sujets qui désespèrent les classes populaires une masse critique d'opérateurs aptes à passer à l'acte à très grande échelle. En se prévalant du crédit moral gagné auprès du peuple par tout ce qui aura été déjà fait pour et avec lui.

Là réside l'aventure réjouissante qui s'ouvre désormais et qui me tient en éveil toutes les nuits (comme si je craignais de rester immergé au fond du sommeil) : faire de la société civile aux ressources éparses, émiettées, une formidable puissance politique, organisée pour l'action civique de rupture. Sans l'État ? Non, bien sûr, mais en contraignant les arrogants mini-Colbert à nous « laisser faire », nous les Faizeux compétents, à chaque fois que la société civile aura démontré par ses actes positifs sa capacité à se prendre en main. Entrons au plus vite dans une logique de subsidiarité enthousiaste, de collaboration avec l'État et de confiance dans les citoyens créatifs. Quittons surtout la perverse notion de « participation » promue par certains politiques renards qui, en vérité, souhaitent *consulter* les citoyens pour leur procurer l'illusion d'avoir contribué à la décision publique. *Laisser faire les Faizeux* – j'entends par là construire avec eux une action publique robuste – est une autre histoire, une tout autre révolution démocratique.

Ma conviction est que les Faizeux doivent sans délai sortir du périmètre parfois étroit où ils se cantonnent sans grand profit pour l'ensemble de la nation. Le peuple gronde, il a besoin de nos solutions pragmatiques. Il nous faut désobéir collectivement aux partis, de manière constructive !

Avant le pire.

Souvenir numéro quatre

Une rencontre épistolaire inattendue m'a donné foi en une certaine manière de faire de la politique.

J'ai treize ans. La télévision française diffuse ce soir-là un film longtemps interdit : *Le Chagrin et la Pitié*, documentaire sur les Français et la collaboration. Au milieu des visages interviewés surgit sur l'écran un type pas comme les autres, une grande âme qui raconte son évasion : Pierre Mendès France. J'ignore tout de cet individu mais d'emblée sa douceur intelligente, l'élévation de son jugement et sa fermeté me parlent. Dans la soirée, je me renseigne aussitôt sur son pedigree, ses aventures sentimentales, son sérieux, ses défaites, la dureté de ses ennemis, la qualité de ses admirateurs et dès le lendemain je harcèle tout Paris pour me procurer son adresse.

Aussitôt fait, je lui écris une longue lettre, ou plutôt une interminable liste de questions précises sur la France, et sur la conduite qu'il convient d'adopter face au destin. Tout excité, je m'adresse au seul caractère vivant qui me semble digne des biographies que, depuis une année déjà, je dévore. Pour le prix d'un timbre, j'accède à un fabricant d'Histoire.

Huit jours plus tard, Mendès me répond. Point par point, le noble socialiste s'applique à ne pas décevoir ma curiosité, à éclairer les ardeurs tricolores du gamin que je suis. Cette vieille gloire prend le temps d'écrire avec précision à un garnement qui n'est pas encore un électeur.

J'en ai été et en reste bouleversé.

Qu'un si grand monsieur ait considéré un morveux préoccupé du destin de la France m'a soufflé.

Il existait donc chez les politiques des gens de haut esprit, de haut raisonnement, de haute noblesse et de haut respect pour autrui.

Cette lettre gît quelque part dans une cave – Dieu sait où. Je la conserve comme un talisman, comme la preuve irréfutable qu'il ne faut jamais désespérer de la classe politique. Elle se termine par trois mots dont j'ai conservé l'usage pour clore chacune de mes lettres professionnelles, des mots tout simples qui disent la cordialité et l'envie d'être bon : *Bien à vous.*

Vive la fonction publique !

Revenons sur une catégorie nombreuse qui m'obsède : les fonctionnaires.

Un soir, sur Twitter, j'entre en contact avec un curieux Zèbre du secteur public dont j'ai déjà effleuré le nom, un décadré qui jouera un rôle considérable dans le redressement national que nous portons : Xavier Quérat-Hément.

L'animal m'appelle et me lance :

— Pourquoi n'y a-t-il pas de fonctionnaires parmi vos Zèbres ? C'est une faute dans un pays où la dépense publique représente 57 % du PIB et paye 5 millions d'entre nous. Et un crime contre l'intelligence des gens novateurs dans nos systèmes. Des citoyens engagés comme les autres !

— Mais... leur marge d'autonomie est faible. Il y a toujours un petit chef puis un politique au-dessus d'eux pour les ramener dans le cadre.

— Faux. Dans les faits, notre autonomie est potentiellement gigantesque.

L'audacieux m'explique, avec cette voix posée qui est son trait de caractère, comment, en tant que directeur qualité du groupe La Poste, il a chamboulé la disposition et le fonctionnement mêmes de nos bureaux de poste où, désormais, on ne fait plus la queue. J'acquiesce. Il est vrai que je ne perds plus de temps pour récupérer une lettre recommandée. Pour engager cette réforme très concrète d'un service public qui améliore le quotidien de l'ensemble de notre population, jamais Xavier Quérat-Hément n'a subi les injonctions d'un ministre. Le patron de la Poste – qui, lui, navigue à merveille face aux politiques – fut son seul référent. Il me raconte en quelques phrases comment sa joie communicative eut raison des freineurs sournois, des effrayés de tout poil et des routiniers professionnels. Je reste médusé en constatant la qualité de ses rayures.

— Il y a beaucoup de révolutionnaires dans votre style dans la fonction publique ?

— Pas mal. Des Zèbres qui se battent très bien pour changer un peu beaucoup passionnément les systèmes empesés en bout de course.

— Je peux les rencontrer ?

Nous nous retrouvons illico dans un café infesté de paparazzi qui, autour de nous, ragotent, indiscrètent et épiloguent sur les coucheries présidentielles, en prévoient d'autres. Météorologie peoplesque. Au rendez-vous des cancans non encore photographiés, je découvre un fantassin du changement. Regard myope qui voit loin, le verbe elliptique. Pas de ces êtres diserts qui ont la charité sèche. La tendresse faite fonctionnaire. Il caresse les idées amples, câline les concepts et a des colères souriantes. Tout chez lui dit non à la fatalité.

— Voulez-vous que je ramène vers votre troupeau de Zèbres les garçons et les filles dans mon genre ? Ceux qui ont déjà mené à bien une rupture importante dans un service public. Ça vous va ?

— Pourquoi m'aidez-vous ?

— Ça me fait plaisir ! s'exclame ce faux calme.

Les rencontres magiques se sont accumulées. Je ne cite pas les noms de ceux qui restent au seuil de nous rejoindre car ces perturbateurs de haut talent ont une hiérarchie ; mais ils constituent l'armée de réserve des Zèbres publics, l'escouade des transformateurs pugnaces à qui, le moment venu, nous donnerons du pouvoir en abusant gaiement de notre influence. On en trouve tapis partout, attendant le signal, enfouis sous les c'est-pas-possible, on-a-déjà-essayé : terrés dans les caisses d'assurance maladie locales où ils coachent les citoyens afin de les inciter à prendre en main leur santé (au lieu de se conduire comme de très passifs ayants droit)[1], dans les replis des préfectures et jusque dans les plus vétilleuses administrations ! Prêts à libérer leurs énergies, quand les grands Zèbres publics les mettront en condition d'oser.

Un détail significatif : jamais par la suite je n'ai connu de déjeuner avec Quérat-Hément dans un

1. Je pense au très créatif directeur de la Caisse primaire d'assurance maladie des Yvelines, Patrick Negaret, également directeur du projet national Santé active. Une initiative remarquable qui vise à transformer l'assuré en gestionnaire adulte de son capital santé.

bistro qui ne soit une fête dans l'assiette. Ma grand-mère aurait pu lui faire déguster ses pâtés de chats persans et ses civets de chiens (cette foldingue mangeait ses animaux domestiques pour leur rendre, devant ses fourneaux, un ultime hommage posthume). Ce *game-changer* est ce qu'on appelle un jouisseur de haut niveau ; ce qui est à mes yeux un très bon point ! Toujours suivre les amis du verbe jouir, les voluptueux et les trinqueurs qui tiennent le litre... Et se méfier ardemment de ceux qui ont la fourchette mesquine !

Aucun Zèbre, je m'en porte garant, n'a le vin sournois.

Le vocabulaire du réel

Quels points communs unissent les Zèbres ?

Tous ces républicains d'action ont l'âme visible.

Il y a chez ces gens une bonhomie qui est la marque des esprits supérieurs. L'intelligence n'est pas faite de cabrioles verbales ; elle consiste dans la conformité de la pensée avec le réel. Ces Faizeux embrassent la réalité d'une prise directe, forte et charnelle. Rien de chimérique dans leurs audaces. Rien qui fasse écran entre eux et la vie. Une chose me frappe : les mots qu'ils emploient désignent les choses au lieu de les masquer. L'écrivain que je suis y est extraordinairement sensible.

Depuis mes années de déformation à Sciences-Po, rue Saint-Guillaume à Paris, je résiste au vocabulaire truqué des mini-Colbert. D'instinct, je sentais que consentir à utiliser les mots fous rend dingue. Quelque chose de leur fausseté et de leur perversité passe en nous, détériore le jugement.

J'ai le souvenir d'une prise de bec sévère, en 1984, avec un mini-Colbert à cravate verte – un pignouf lustré de culture – qui me tenait lieu de professeur de finances publiques. Cet animal soigné prétendait, avec une diligence toute particulière, m'inculquer un vocabulaire factice.

— Monsieur Jardin, me reprit-il un jour avec quelque agacement, dans une loi de finances, une réduction d'impôt s'appelle une « dépense fiscale » ! Je vous l'ai déjà dit cent fois !

— Je refuse d'employer cette tournure malsaine, lui ai-je répondu avec fermeté.

— Malsaine ? s'étonna mon mini-Colbert un peu dandy. C'est une expression technique !

— Non, perverse.

— Pardon ?

— Cette formulation considère que lorsqu'un énarque du ministère des Finances accepte de priver l'État d'une part de ses revenus fiscaux, il « dépenserait » de l'argent, comme s'il était a priori le propriétaire légitime de nos revenus ! Comme si nous étions, nous, citoyens, par essence destinés à les lui céder. Jamais je n'emploierai une expression perverse et abusive. Quand un piéton normal « dépense » ses sous, *il les sort effectivement de sa poche, il ne renonce pas à vous en prendre* !

— Monsieur Jardin, vous ne me semblez pas mûr pour la section service public.

— Je vous confirme que j'ai la ferme ambition de... ne pas y entrer !

C'est ainsi que je n'ai pas présenté l'ENA ; et que j'ai renoncé à jamais aux cravates vertes.

Le patois orienté des mini-Colbert a hélas fini par devenir le langage de la presse, par un effrayant mimétisme. Leurs concepts fallacieux sont régurgités à longueur d'articles du *Monde* ou du *Figaro*, de chroniques télévisées, sans que leurs auteurs s'avisent qu'ils recyclent, l'air de rien, le vocabulaire de professionnels de l'échec. Depuis des lustres, le mini-Colbert épanoui – très infiltré à Sciences-Po où il se goberge – est passé maître dans l'art subtil de fabriquer du texte et du chiffrage en trompe l'œil. Pourquoi diable acceptons-nous tous si docilement d'évaluer le déficit public en pourcentage du PIB, ce qui n'a strictement aucun sens pour le citoyen et permet d'afficher sans rougir un petit chiffre (3-4 %), incompréhensible de surcroît. Personnellement – pour ne pas me faire balader –, je compte en pourcentage de nos dépenses d'État, ce qui nous emmène vers un trou très au-delà des 20 % des dépenses effectives ! Or chacun sait que si dans nos vies nous dépensons structurellement 20 % de plus que nos revenus, nous sommes absolument ruinés !

Les Zèbres de tout poil ont le mot précis. Les leaders de nos programmes refusent les concepts opaques ou biaiseux aux allures savantes. Spontanément, ils n'usent pas d'un vocabulaire qui ne rend pas compte de leur vérité sensible. De même, Charles (de G.) n'a jamais employé le vocable « URSS » car il n'acceptait pas de se faire berner comme la plupart des commentateurs de l'époque ; pour plus de clarté, il évoquait avec franchise la « Russie » ou la « Russie soviétique », parce qu'il était persuadé que l'impérialisme moscovite était avant tout russe. Dans sa bouche, l'ONU s'appelait le « machin ». Tout était dit, clarifié. Il n'hésitait pas à nommer fermement les choses pour que sa parole soit fiable, audible par le peuple de France. Afin de mieux désigner les hommes sans légitimité de Vichy, Charles disait « un gouvernement de rencontre ». Eh bien je vous le dis, nos Zèbres sont charliens ! Les cordiaux maires ruraux, dans leur dernier congrès à Nohan, au cœur du Berri (j'y étais à l'automne 2014), ont préféré dire des « coopératives de communes » plutôt que des « établissements publics de coopération intercommunale » (EPCI) en langage d'énarque. Ces Faizeux de terrain, si zèbres dans leur approche pragmatique, résistent pied à pied au vocabulaire irréel qui traîne dans les dépêches AFP et obstrue le jugement.

Tous ces gens œuvrant pour les autres nous renvoient à l'art de nommer le réel avec sincérité, en se défaisant du vocable charrié par la *vox mediaticus*. Et des euphémismes éludants qui souvent se déguisent en sigles. Dites « avortement » et non IVG, « entassement glaçant de la misère subventionnée » au lieu de « ZUP », « location d'utérus » et non GPA ! Comment nommeriez-vous l'énarque qui pointe à l'Élysée en ce moment ? Un vrai « président » ? Faites-le mais seulement si vous pensez avec foi qu'il est l'héritier réel de Charles. Quel nom réel porte le « paritarisme » ? S'agit-il d'une *réelle* démocratie sociale ou d'un arrangement historique entre élites et appareils ? Quel est le nom authentique de notre « Éducation nationale » qui, *in fine*, fabrique tout de même 26 % de chômeurs chez les moins de vingt-cinq ans ? Les « syndicats représentatifs » le sont-ils assez pour mériter pareille désignation ? La « courbe du chômage », c'est quoi au juste dans votre cœur ? Exigez de nos politiques qu'ils utilisent leur propre langue, celle qui témoignerait de leur sincérité. Que Fillon, Sarkozy, Aubry, Hollande et tous les autres inventent leur lexique ! Qu'ils relisent les papiers vifs de Clemenceau ou la prose jubilatoire de Jaurès ! Qu'ils renoncent à l'idiome fade de Sciences-Po et nous proposent des mots enthousiasmants ! Les êtres puissants d'allure et d'entrain ne laissent pas les autres parler à travers eux. Les chefs français ont aussi pour métier de féconder notre langage, de lui faire des enfants exaltés, turbulents et vivants.

Je suis convaincu que la réinvention d'une France irréelle passe aussi par le retour d'un verbe personnel, dru et crédible. Dans le sillage des Faizeux, réapprenons gaiement à nommer les choses ! J'insiste sur cette faculté capitale qui est la marque du leadership réel. Les nouveaux leaders, issus de la société civile agissante, parlent une langue intelligible par le peuple car elle n'élude pas les évidences qu'il perçoit. Il ne faut plus dire les « religions » quand tout le monde pense l'« islam » – non pour accabler l'islam mais bien pour l'accueillir fraternellement en le regardant tel qu'il est, avec ses brebis compliquées et les évolutions indispensables d'une certaine interprétation de l'islam. La joie d'affirmer franchement notre culture républicaine doit reprendre des couleurs. Terminé les accommodements déraisonnables dans certains quartiers que j'ai trop vus ! Bienvenue dans le monde des

Lumières et la laïcité à la française qui impose le désagrément d'être parfois choqué par les propos des autres. Comme le disait une journaliste à la langue bien pendue[1] : « Ma minijupe a plus de droits que ta burqa ! »

1. Élisabeth Lévy.

Souvenir numéro cinq

À chaque fois que je repasse devant un immeuble verdâtre de la rue du Bac, à deux cents mètres des éditions Gallimard, une nausée légère m'envahit.

C'est là que pendant des années, au sortir de l'adolescence, on m'a parlé politique sous un toit de zinc – la vraie, l'obscure, celle qui se pratique sans états d'âme dans les officines malpropres de la capitale. L'homme qui m'initia à cette fête du cynisme était l'un des amis les plus proches de mon grand-père : un Slave pittoresque que je croyais communiste de fibre. Physique de fouine, verbe hilarant, équipé d'un crâne étrange sans front et doté d'un pif aquilin qui remuait comme une truffe de fox-terrier. En guise de chevelure, l'animal semblait moquetté par un poil dru.

C'est chez lui qu'un beau jour de mes dix-sept ans j'avais rapporté une liasse de feuillets jaunis trouvés en Suisse dans les archives de mon grand-père, Jean Jardin. Toutes ces petites feuilles de 1942-1943 arboraient l'en-tête élégant du cabinet du chef du gouvernement.

— C'est quoi, ces chiffres et ces noms ?

— La distribution des fonds secrets, à Vichy, pendant la guerre ! Le montant et le bénéficiaire.

Enchanté, le vieil homme sans front me les prend des mains – et ne me les rendra jamais – puis, la truffe mobile, surexcitée, il se lance dans des commentaires fort renseignés en effeuillant la liasse. Tous les camps politiques du moment défilent, tous les récipiendaires de l'Occupation qu'il semble connaître personnellement. Y compris ceux que Vichy arrêtait et remettait si volontiers à la Gestapo.

— Ce réseau résistant était communiste et touchait de l'argent de grand-père ? Pourquoi en donnait-il ?

— Quand tu payes, tu as un contact. Ça ne sert à rien de financer tes amis, tu les joins facilement. L'argent sert à communiquer avec tout le monde. Surtout avec les gens d'en face !

Bienvenue chez les francs cyniques, les pros du je-ne-crois-en-rien et j'achète-tout puisque tout le monde est à vendre !

Plus tard, toujours rue du Bac, nous avons reparlé franchement des valises de numéraire que mon cher grand-père distribua à profusion aux partis politiques jusqu'en 1974. L'animal à truffe mobile exultait, m'éclairait en mentor qui prenait soin du petit-fils de Jean, feu son ami intime. Malin, il mêlait mensonges et réalités en de succulents récits qui brouillaient les pistes ; mais il en ressortait toujours une passion évidente pour le brassage de ce liquide dont notre classe politique paraissait très assoiffée.

— L'argent des valises, tu en as pris un peu ?

— Ah non ! Ton grand-père non plus.

— Pourquoi ?

— Pas par honnêteté, mais pour continuer à jouer ! Si tu prends, même un peu, on ne te fait plus confiance. Tu sors du tour de table. Et comme nous aimions jouer...

D'hilarant, ce personnage changea totalement de profil des années plus tard lorsqu'il me fut permis de consulter son dossier des Renseignements généraux de la sûreté nationale de 1944[1]. La partie consacrée à ses activités lucratives sous l'Occupation est implacable. Cet espiègle que je croyais sincèrement communiste fut bien un agent de renseignement de la Gestapo, chargé de la surveillance très rapprochée de Pierre Laval et de... Jean Jardin. À Vichy, ce menteur professionnel les fréquentait tous deux quotidiennement et rendait compte à des officiers traitants allemands qui le rétribuaient grassement[2]. *Il surveillait donc son ami.* En détaillant son dossier, je fus saisi d'effroi, brusquement vacciné contre tout double jeu.

Jamais je n'habiterai rue du Bac.

De ce monde politique-là, interlope et terrifiant, je me tiendrai toujours très éloigné.

---

1. Cela eut lieu après la publication de mon ouvrage consacré à Jean Jardin, *Des gens très bien*. Une historienne très documentée m'ouvrit un peu les yeux...

2. Il travailla pour les services de répression et d'espionnage allemands, section VI (du *Reichssicherheitshauptamt* [RSHA]), organisme de la SS.

L’esprit « Free French »

Nos leaders d’un type nouveau – je pense notamment au fou de boxe Hadj Khelil, président de bionoor.com et de Big Mama, et responsable du bouquet environnement des Zèbres – ont au cœur cette forme de rage civique frontale, ce dévouement qui me fait irrésistiblement songer à l’esprit « Free French », seule tradition œcuménique combative en laquelle je me retrouve avec une franche émotion.

Pourquoi convoquer les mânes de cette famille éteinte ? En étant très conscient de la dénivellation des statuts entre ces gens-là et nous... Parce que la France libre reste notre dernière expérience collective du courage citoyen, la dernière fois où nous avons été follement audacieux, nous, Français, en renonçant provisoirement à nos querelles. Je le sais, l’habitude un peu hâtive a été adoptée de ne considérer que de Gaulle dans cette épopée, tant sa manière d’être surplombe notre Histoire ; mais à la vérité, Charles n’aurait pas été tout à fait de Gaulle sans ces hurluberlus éperdument patriotes qu’on appela vite dans les pubs de Londres, avec admiration, les « Free French ».

L'esprit « Free French », qu'est-ce que c'était ? Exactement ce qui doit renaître aujourd'hui dans notre France sur le flanc : *la passion folle de contredire la fatalité !* Folle car il fallait être vraiment givré pour imaginer, avant la bataille de Stalingrad, qu'un tel sacrifice patriotique ne serait pas vain. La raison pépère, à l'époque, c'était la collaboration, Vichy ; là où convergeaient les *gens très bien* comme mon grand-père, là où apérotait la France légale et honorable, soutenue par les 569 députés de la Chambre du Front populaire qui votèrent les pleins pouvoirs à Pétain (seuls 80 refusèrent). Être raisonnable à l'été 1940, c'était suivre cette veulerie-là incarnée par les partis, cette résignation hideuse. Les fous, les minoritaires-nés, c'étaient ces Français libres qui, nuques raides et n'écoutant que leur désir de dire non, se prirent eux-mêmes comme point d'appui : les Romain Gary ingérables, les aviateurs à la Clostermann qui rattrapèrent bientôt les premiers avions à réaction allemands avec des Spitfire à hélice, tous les fêlés qui partirent en taxi-brousse faire la guerre à Bir Hakeim. Ces citoyens-là, animés par une forme de transcendance, ne se faisaient pas rembourser leurs notes de frais à Londres. Ces Français debout n'avaient pas fait de la question des moyens un préalable à leur action : ils agissaient d'abord, se battaient sans répit, mouraient aussi pour que la liberté l'emportât. Partis pieds nus et sans le sou de métropole, avec leur patriotisme en bandoulière, ils revinrent avec des divisions blindées.

L'esprit « Free French », c'était aussi celui de Français de toutes les droites et de toutes les gauches qui acceptèrent, dans l'action, de s'unir avec la passion de la France. Calottards invétérés, juifs en cavale, laïcards obsessifs, syndiqués traqués, bouffeurs de capitalistes, marins de l'île de Sein sur-catholiques, jaurésiens de fibre, nationalistes vétilleux, nobliaux rebiffards, tous acceptèrent vaille que vaille leurs oppositions en consentant à ce qu'elles demeurent des arrière-pensées. Le temps de la bataille pour la France.

L'esprit « Free French », c'était également une manière romanesque de vivre son identité française, une manière de voter pour d'Artagnan et Cyrano plutôt que pour la France frileuse et minable des Émile Loubet, du petit père Combes ou de Pierre Laval. Il y eut alors, pendant quatre ans, un merveilleux désordre dans leurs élans, cette sorte de joie ébouriffée qui va avec le panache des romans d'Alexandre Dumas.

Cet esprit-là n'est pas du passé. Il est notre avenir. Ces Zèbres en dehors des clous restent le meilleur de la France, nos professeurs de culot, nos maîtres à oser ! Ils nous enseignent la nécessité d'être son propre recours quand le pays officiel déraille, lorsque les *gens très bien* s'égarent en diminuant la France. Parfois, les chemins raisonnables et classiques sont des impasses, de funestes trompe-l'œil.

Qu'est-ce qui nous empêche d'annexer leur dinguerie ? de relever nous-mêmes ce pays ? Nous n'avons plus de Charles sous la main, mais il nous reste l'esprit des « Free French », l'héritage de ces volontaires qui espérèrent tout d'eux-mêmes en se donnant. Faisons-le fructifier ! Un grand peuple est riche de ses vieux rêves, des folies complètes qu'il s'est parfois autorisées.

Souvenir numéro six

Où ai-je rencontré Charles de Gaulle ?

Chez une pute cordiale.

Étrange comme la vie organise parfois notre rendez-vous avec les êtres qui orientent notre destinée.

Ce soir-là de mes quinze ans, le cœur en fête, je traversais le bois de Boulogne à vélo pour rejoindre une conquête pulpeuse quand j'avisai... une putain qui tapinait, émergeant de la clarté brumeuse d'un lampadaire. Érection incontrôlable d'un pubertaire. Aussitôt, j'oublie ma conquête et palpe mon argent de poche dans mon blouson ; assez pour une passe tarifée, mon unique, exécutée en urgence dans une camionnette garée dans une lugubre contre-allée. Remise furtive de billets. Au milieu d'une nature morte, je jouis sans jouir et sans rien comprendre à ma trouble frénésie qui plaque ce corps vénal sur une banquette. Tout en moi déteste cette ruade avec une fille sur laquelle je ne me serais jamais retourné.

Sidéré par cet élan incontrôlé, le cœur incertain, incapable de penser ma conduite et éberlué par mon absence de culpabilité, je me rhabille dans ce Combi Volkswagen défoncé et hanté par des chats infâmes. Un autre Alexandre a pour la première fois pris les commandes de mon corps par trouille que ma vie sexuelle ne soit un voyage trop organisé. Au seuil de ma carrière sentimentale, je me sens un trou noir pour moi-même. Cette pute est mal logée dans ce véhicule rouillé mais elle parle bien, usant d'une grande pureté de langage alors qu'elle essaie de connaître mon âge véritable (j'ai un peu menti). Tout ce qui se presse d'émotion sur son visage inspire la confiance.

Reboutonnant mon jean, j'aperçois alors, à mon grand étonnement, une édition de poche des *Mémoires de guerre* qui gît devant le volant crasseux. Le tome I traîne là, usé par une lecture frénétique, dans cet antre métallique du sexe hâtif. Tandis qu'elle se rince la bouche en se gargarisant poliment à l'eau de Vichy (le détail croquignolet m'est resté), cette gaulliste de cœur m'en lit à voix haute les premières lignes. Sa voix tremble presque tandis qu'elle profère ces mots immenses, charlesques :

— « Toute ma vie je me suis fait une certaine idée de la France. Le sentiment me l'inspire aussi bien que la raison. Ce qu'il y a en moi d'affectif imagine naturellement la France, telle la princesse des contes ou la madone aux fresques des murs, comme vouée à une destinée éminente et exceptionnelle... » Bien joli, mon petit ange, non ?

Oui, bien joli. Au contact de cette prose altière, mon deuxième poumon vient de respirer. Saisi par une explosion d'enthousiasme, je découvre que j'ai toujours vécu avec la moitié de moi. Le souffle vital qui anime Charles de Gaulle me soulève et m'atteint au plus secret de mon cœur. Tout de suite, je me dis *c'est exactement comme cela qu'il faut aimer notre France.*

Je n'ai plus fréquenté les prostituées – pas la vocation – mais j'ai conservé cet exemplaire des *Mémoires de guerre*. Tout en sachant, au fil des ans, que la grandeur de la France ne pourrait être assurée par les moyens auxquels Charles, homme d'un vieux siècle, songeait ardemment pour nous rétablir. Désormais, c'est à l'État de s'effacer d'un cran pour que la grandeur des Français reparaisse en haut de l'affiche.

Quelle idée de la France ?

On le voit, derrière le combat civique des Zèbres se profile une lutte entre deux idées de la France. D'un côté celle de l'ordre étatique qui nous enlise en voulant nous protéger, de l'autre celle d'une nation désordonnée, riche de solutions, qui a l'impertinence de vivre et de lutter pour ne pas se faire administrer de la naissance jusqu'au cimetière. D'un côté le camp des énarques agrippés à leurs vieilles recettes et de l'autre celui des Faizeux créatifs qui paraissent enfin sur la grande scène de l'Histoire. La France a longtemps été un État directeur, qu'elle devienne vite une société responsable ! Qu'elle se fasse confiance au lieu de s'en remettre à celles et ceux dont les modes de pensée ont ossifié l'économie et laminé notre optimisme. La crise de nos finances publiques est si aiguë et surtout si durable que nous n'avons plus le choix. L'ultime recours, désormais, c'est nous : les citoyens garants de l'intérêt public.

On l'aura compris, je n'aime guère la France roide des mini-Colbert, celle feutrée du Conseil d'État et la mine grise des inspecteurs des finances ou de l'IGAS qui infestent nos partis. Dès qu'ils convergent en meute vers une idée, suivez les flèches, mais en sens inverse. Cavalez vers celles qu'ils raillent et évitez celles qu'ils applaudissent. Ils se gourent pour vous, et ne se sont jamais trompés ! L'idée amidonnée et impersonnelle que ces gens dits *sérieux* se font de l'action publique a fait échouer mon peuple, et l'a (tout de même) planté de 2 000 milliards.

Je ne méconnais ni leur générosité ni le désir ferme de servir qui anime beaucoup d'entre eux, mais je hais par toutes mes fibres leur logiciel mental. Pour les mini-Colbert, agir qu'est-ce que ça veut dire ?

— Tout d'abord *administrer*, c'est-à-dire projeter sur l'intégralité des activités humaines les plus spontanées une approche normative et bureaucratique placée sous le sceau de la complication. Faire a priori confiance à un être humain de bonne volonté leur est totalement étranger. À peine un secrétaire d'État bienfaisant envisage-t-il une simplification administrative qu'aussitôt un mini-Colbert, embusqué dans un bureau ou une commission obscure, inverse le processus, en appliquant scrupuleusement l'adage des Shadoks : « Pourquoi faire simple quand on peut faire compliqué ? » La dernière initiative hollandesque est à cet égard édifiante. Sa loi sur la simplification des relations entre l'administration et les citoyens prévoit-elle que « le silence gardé pendant deux mois par l'autorité administrative sur une demande vaut décision d'acceptation » ? Aussitôt les mini-Colbert qui galopent dans les ministères s'empressent de dresser une liste de mille deux cents exceptions au principe « silence vaut acceptation » ! Mille deux cents ! Qui dit mieux ?

— Le mini-Colbert qui s'épanouit dans les cabinets ministériels ne conçoit pas d'agir sans faire voter une « grande loi ». Plutôt que de traquer les bonnes pratiques et de les généraliser, il croit que la loi seule détermine le réel. C'est à peine s'il s'est rendu compte que l'irruption des smartphones a plus transformé notre monde que tout l'appareil juridique français. Obstinément, il croit en la toute-puissance de la loi qui, seule, ordonnera la vie. À cet égard, la loi sur l'aménagement des temps scolaires restera un cas d'école, si j'ose dire. Nos hauts fonctionnaires sont parvenus à pondre un système uniforme pour tout le territoire, s'imposant très durement aux communes, plutôt que de s'appuyer sur les ressources éducatives des territoires, sur les enthousiasmes prêts à bondir. Toujours la même absurdité : penser l'action en technicien au lieu de raisonner à partir de l'élan sincère porté par les êtres. Résultat de cette stratégie : la réforme qui partait dans la gaieté a hérissé les enseignants, braqué les maires, ulcéré les parents, désorganisé les écoles et surtout fabriqué une multitude d'activités supposément éducatives parfaitement bidons. Mais l'État a obtenu ce qu'il voulait, l'application de la loi, fût-elle grotesque. Ma fille, en CE2, a même eu droit à un cours de harpe sans harpe où... l'école républicaine la somme de mimer la gestuelle des harpistes ! On en est arrivé à mimer la vie au lieu de la vivre.

— Le mini-Colbert se croit expressément désigné par la Providence pour *faire le bien* ; ce qui est vraiment le début de la haute démence. Le symptôme le plus avancé de cette folie politico-morale réside sans nul doute dans le concept terrifiant de « fiscalité comportementale », soigneusement usiné par nos cabinets ailés. Les cas pullulent désormais ! Quand en 2013 on eut l'idée de voter une taxe sur les boissons énergisantes, le rapporteur déclara sans honte à la nation adulte que cette taxation avait été conçue « dans une visée non pas de recettes mais à visée comportementale ». Entendez bien les mots employés par cet ange gardien de nos destinées : une fiscalité « à visée comportementale » ! En 2015, c'est Marisol Touraine qui, tout à sa mission céleste, va tenter de nous imposer des paquets de cigarettes « neutres » pour *notre bien* et pourquoi pas des paquets sans cigarettes, définitivement purs ? Ces curés-là, adossés à une armée de mini-Colbert disposés à rédiger de saints décrets, assument avec fierté l'idée douteuse de rectifier les comportements de citoyens présumés adultes qu'ils jugent déviants.

— Et puis, les énarques de droite ou de gauche ne rougissent pas de régler céans notre destin. Ils imaginent sans vergogne, mus par la meilleure conscience du monde, des systèmes publics qui pensent nos vies à notre place. Sans imaginer une seule seconde qu'ils dévitalisent la nation. Ce qui justifie leur propension à sanctuariser l'État quand, par extraordinaire, il leur vient à l'esprit de réformer en surface l'économie[1].

1. La loi dite Macron est à cet égard symptomatique. On pense à bien des professions poids plume (notaires, huissiers, etc.) mais... pas au secteur public !

Instinctivement, les mini-Colbert redoutent la liberté de choix du citoyen, aspirent à cadrer ses initiatives jugées brouillonnes au lieu de les fêter. Là où les Faizeux voient de la vie bouillonnante, ils voient un horrible désordre, de l'amateurisme, une inquiétante spontanéité. Pour eux, seuls certains mots sonnent « sérieux », « crédibles » : loi, commission, rapport, décret, préfet, Conseil d'État, Code du travail... Les Faizeux de droite ou de gauche désirent rendre le citoyen ACTEUR de sa vie. Nous ne sommes pas du même songe !

On le voit, on le sent, cette classe lugubre, encasernante, rêve de transformer la France en une vaste administration tenue bride courte par ses contrôleurs, détenteurs exclusifs du bien et de la morale publique. Pour asseoir ses intérêts totalitaires (au sens où elle rêve d'englober tout), elle a colonisé tous les partis démocratiques, de sorte que les alternances se font depuis trente ans entre énarques de droite un peu raides et énarques de gauche boboïsés. Quoi qu'il arrive, les grands corps de l'État qui pilotent leurs carrières gardent la main, gèrent l'érosion fatale de ce qui fut notre puissance économique et organisent l'exclusion sèche de la société civile des postes de commandement.

La révolution solidaire que nous engageons avec les Zèbres est beaucoup plus qu'un simple mouvement associatif sympathique : c'est une révolution culturelle profonde, une rupture allègre avec une idée très ancienne de l'État qui, chacun le voit, a asséché la joie française. Un pari sur notre vitalité. Mais c'est aussi un retour vers une certaine idée de notre pays non normalisée, fraternelle, responsable et amoureuse du désordre qui féconde. Revenons à ce qui fit la grandeur solaire de la France : les Français. Et tournons cette page funeste de la défiance, de l'infantilisation. Au fond, le mouvement des Zèbres plaide pour un monde de confiance, de confiance enthousiaste en la société, de confiance dans les Faizeux, de confiance dans le citoyen adulte plus que dans l'État maladivement dominateur, de confiance dans les élus locaux plutôt que dans la caste des mini-Colbert.

Cela s'appelle une révolution démocratique, le renversement d'une oligarchie ennuyeuse. Fonçons vers le bonheur d'être soi et ensemble ! En accomplissant dans un monde moins cadré nos aspirations les plus profondes, notre désir d'héroïcité personnelle et collective. Nos jeunes issus de l'immigration ne peuvent pas vouloir s'intégrer à du rien, à une société sans élan.

Sortir la politique du marché de la promesse

Pourquoi allons-nous faire triompher la société civile ?

Parce que nous sommes des Faizeux, pas des Diseux.

Les mots de saint Bernard de Clairvaux résonneront éternellement : « Ce que nous vivons crie bien plus fort que ce que nous disons. »

Par leurs actes positifs, les Faizeux sont d'emblée porteurs d'une Bonne Nouvelle ! Agir change radicalement le débat.

Chacun le sait, le marché de la promesse politique s'est effondré. Le fait même d'en énoncer une vous rend illico suspect aux yeux des citoyens désabusés et excite la vindicte populaire. Personne ne croit plus dans le verbe qui constitue la base même du processus électoral classique : *promettre*. Pour une raison très simple que flairent bien les Français : toute promesse est l'aveu d'une impuissance présente. Quand on croit réellement ce qu'on dit, on est ce qu'on profère. On le vit par des actes déjà posés.

Deux grands Diseux ont, sous ce rapport, dynamité avec un soin exemplaire la possibilité de promettre quoi que ce soit dans notre République. Nicolas Sarkozy a joué le premier acte en s'appliquant à ne pas mettre en œuvre la « rupture » qu'il avait ardemment promise lors de son élection en 2007. Que lui a-t-il donc pris ? A-t-il eu conscience du piège qu'il tendait à la France en se livrant à une gesticulation de façade, à une politique cosmétique (mais bruyante) aux effets concrets si réduits sur notre quotidien ? François Hollande a terminé le boulot avec maestria en s'ingéniant à prendre le contre-pied de sa tirade « moi, président » et en proclamant la nécessité d'oser une politique de l'offre alors que le monsieur s'était fait élire sur un discours qui promettait une autre sérénade. Ce qui n'a pas échappé à l'électorat traditionnel de notre gauche. Mesure-t-il les conséquences de son inconduite teintée de goujaterie ? En l'espace de quelques années, c'est la possibilité même de promettre qui a été dézinguée en France par ces deux légers.

Chose étonnante, aucun des grands partis supposément gouvernementaux n'a mis au cœur de son projet *la reconquête préalable du crédit moral*. En adoptant les stratégies qu'il aurait fallu, stratégies nécessairement sincères, généreuses et revitalisantes pour ceux qui les mettent en œuvre. À l'heure des réseaux sociaux, seule l'authenticité se communique bien. La recherche pathétique de la transparence (des revenus, du patrimoine) – le couteau sous la gorge –

n'a pas eu d'autre effet paradoxal que d'accroître la suspicion galopante des citoyens. Cela n'a fait que répandre l'idée que les élus étaient une bande de gredins bassement intéressés, des goinfres de prébendes. Quel désastre collectif auquel ces fous ont tous collaboré ! À aucun moment le PS et la droite ne semblent s'être interrogés sur les actes positifs et réellement altruistes qu'il aurait fallu engager et répéter pour qu'il soit à nouveau possible de promettre quelque chose dans ce pays. Personne n'a paru garant du rétablissement du crédit des partis.

En somme, la droite et la gauche se sont curieusement associées pour priver d'essence le moteur même de la vie politique : la confiance. À la suite d'élections successives marquées par un degré historique de mépris à l'égard des vieilles étiquettes, notre démocratie est en réalité morte. Quelle énergie pourrait bien sortir d'urnes remplies à ras bord d'aigreur et de défiance ? Comment mobiliser son électorat si l'on ne peut plus recourir aux promesses, cet outil des démocraties anciennes qui, lors des scrutins, escomptent l'avenir ?

Par malheur, les nouveaux entrants – les petits partis naissants, citoyens et autres (Nouvelle Donne, Nous Citoyens, etc.) – ont commis l'incroyable folie d'entrer sur le marché de la promesse sans s'être d'abord assurés d'accumuler du crédit moral. Sans avoir d'abord démontré qu'ils étaient vivants par l'action civique. Ils pénètrent donc dans un *marché* sinistré par les leaders de la gauche et Nicolas Sarkozy, en adoptant un comportement qui vous démonétise à l'instant même où vous demandez à être cru sur parole. Leurs promesses (souvent judicieuses) ne paraîtront hélas pas plus fiables. En jurant qu'ils ne sont pas « comme les autres », ces nouveaux entrants continuent à raisonner dans le cadre saccagé par les autres. Promettre, c'est désormais se décrédibiliser.

Alors que faire ? FAIRE justement, FAIRE gratuitement sans solliciter de suffrages, FAIRE parce que les Français ne veulent plus écouter les Diseux qu'ils méprisent. FAIRE pour montrer ce que l'on EST. Quand les prometteurs ne sont plus audibles, vient le temps des véritables Faizeux, les derniers qui ne demandent pas à être crus sur parole ! *Puisqu'ils font déjà ce qu'ils disent.* Voilà pourquoi les Zèbres vont représenter une force politique croissante : nous agrégeons jour après jour du crédit moral et de la vitalité visible au moment précis où l'on voit que les formations classiques n'ont rien FAIT collectivement pour en obtenir.

Qui sera cru et respecté par la rue en 2017 ? Ceux qui mettent déjà en œuvre la politique qu'ils recommandent ou ceux qui, la main sur le cœur, jurent d'agir demain ? Pour la première fois, une offre politique se présentera aux Français sous la forme d'une somme d'actions déjà en cours, vérifiables, filmables – et non des promesses, des « engagements ». Par notre sincérité actée, nous sortons la politique du marché de la promesse !

Souvenir numéro sept

Un exercice bizarre – désormais célèbre – a agrandi considérablement l'idée que je me fais de l'action politique.

L'été de mes dix-sept ans, ma logeuse britannique à Cantorbéry – professeure d'université –, qui me trouvait l'esprit curieux, ôta son chemisier, laissant apparaître un buste délicieux. Son mari n'était pas là. Une fine pluie ardoisée nous isolait du monde. Appliquée, cette intellectuelle dessina sur son ventre impeccable neuf points ainsi disposés :

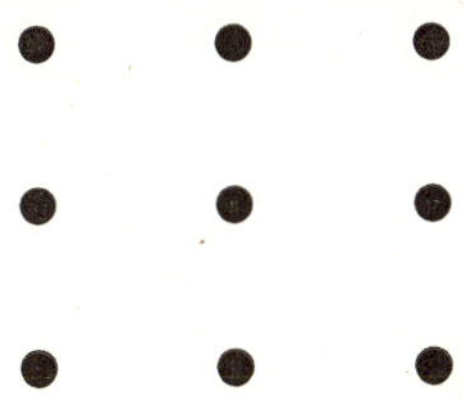

Puis, mutine, l'Anglaise déclara dans son idiome en me tendant un feutre noir :

— Alexander, si tu parviens à relier ces neuf points en traçant quatre traits *sans lever ton stylo*, je te récompenserai...

Très motivé, je relevai le défi et me penchai sur le ventre parfaitement plat. Était-ce son grain de peau ? le nacré de sa carnation ? l'abondance de taches de rousseur ? Je ne parvins pas à résoudre l'énigme. Mon esprit flottait au-dessus des points, luttait sans cesse à l'intérieur du dessin qu'elle avait tracé. Alors, agacée par mes lenteurs, l'intellectuelle trentenaire saisit son rouge à lèvres, reprit finement le dessin de sa jolie bouche, puis relia les neuf points de cette manière en ajoutant ce commentaire lapidaire :

— Darling, please, sors du carré !

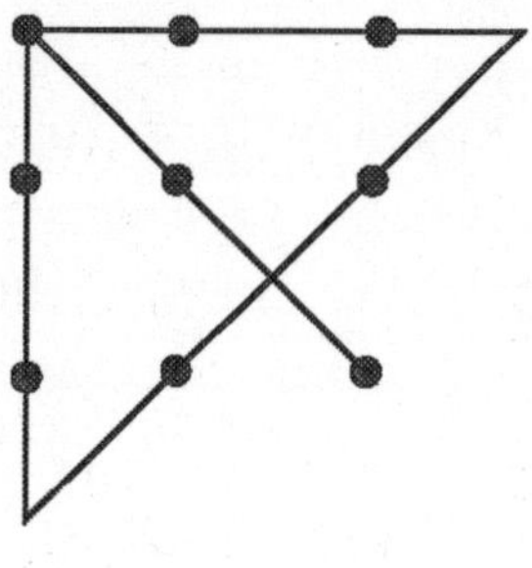

Tout de suite, ma cervelle poussive comprit dans quel enfermement elle s'était sottement contrainte, par quelle automanipulation j'avais réduit mon champ d'action. Le préalable que je m'étais imposé, sans même m'en rendre compte, m'avait fait échouer.

— Darling, conclut-elle, comme il faut savoir sortir du carré en toutes circonstances, il ne faut jamais obéir aux règles que l'on s'est données !

Après la récompense imméritée, pleine de folies décadrées et sans chipotages, cette historienne me raconta d'innombrables situations où les défis de l'Histoire furent relevés en sortant du carré.

C'est Churchill le décadré qui donna son accord pour que des divisions blindées gonflables et dûment sonorisées (haut-parleurs géants créant une fausse activité militaire) fussent installées sur les côtes britanniques afin de gruger l'Allemagne juste avant le débarquement. Idée peu conforme aux directives des manuels austères des académies militaires britanniques où il n'était guère question de manipuler des jouets en caoutchouc. C'est également cet alcoolique génial qui soutint l'idée abracadabrantesque de transporter à travers la Manche des ports flottants, en pièces détachées, plutôt que d'immoler des divisions entières dans la conquête improbable de ports français fortement défendus par la Wehrmacht.

Bonaparte, lui, n'hésita pas à engager son armée d'Italie en Lombardie alors que le Directoire impécunieux n'avait pas les moyens de financer son invasion. Tout militaire normal et logique eût renoncé ; il fonça. C'est sur place, en rançonnant les territoires conquis, qu'il leva assez d'argent pour payer ses troupes et envoyer le surplus à Paris ; ce qui lui permit de devenir, sans coup férir, le premier actionnaire du gouvernement français du moment. OPA subtile qui en annonçait une autre, plus politique. Où l'on voit comment un décadré renversa une situation fort délicate en avantage décisif !

Sortir du carré... Quel parti politique français y songe seulement ? Pourtant, je vous l'assure, il y a toujours une récompense au bout de ce type de tentative.

Le retour de la joie

Dans les mois qui viennent, les Zèbres vont gagner une influence prépondérante, prévisible et bienfaisante.

Pourquoi une telle météorologie politique ? me direz-vous.

Parce que celles et ceux qui ont le feu de la joie finissent toujours par embarquer les peine-à-jouir.

Longtemps je me suis demandé ce qui rendait la vie politique aussi déprimante dans notre pays taillé pour le bonheur. Pourquoi une telle défaite de la joie sur tous les plateaux de télévision ? Comment tant d'élus peuvent-ils oublier que la volonté, celle qui sauve et invente des ruptures, est un pur dérivé de la joie ? Seule la jubilation fiévreuse, jaillissant du cœur profond, rameute les courages hésitants, dynamite les conservatismes, flétrit les pisse-vinaigre et rabattra le caquet à la grande peuplade des cyniques qui n'imaginent pas que la société civile puisse réellement améliorer notre destin.

Pourquoi diable nos élus nationaux sont-ils à ce point incapables d'enthousiasme naïf, au sens le plus requinquant du terme ? Pourquoi aucun ne semble jaillir d'un roman frais de Claude Tillier[1] ? C'est à croire que faire semblant déprime, surtout à trop haute dose. Hollande et ses casse-pieds de la promotion Voltaire savent bien que promettre quelques milliards d'allègements de charges des entreprises (étalés jusqu'en 2017) ne peut en aucun cas refabriquer une puissance économique dominante. Cette sommette, même rondelette, ne permettra que de repeindre sa façade pimpante de social-démocrate. Tenons-les, ces milliards promis et les quelques macronneries récentes, pour ce qu'ils sont : des frais de peinture. Tout dans le leurre législatif qu'on appelle « loi Macron » fut rédigé sous le sceau de la plus grande défiance à l'endroit des professionnels. Cela produit un interventionnisme encore plus pointilleux des mini-Colbert, détenteurs désormais de pouvoirs d'injonction exorbitants (de cession d'actifs notamment) et un accroissement désastreux de l'insécurité juridique qui pèse sur les Faizeux. Macron est resté dans le cadre mortifère d'une économie administrée, bloquée car fondée sur la non-confiance. Chez nous, le droit s'élabore encore à Bercy ! À peine ces frais-là seront-ils suffisants pour que certains s'autopersuadent sur les ondes que la France connaît un « tournant gigantesque », une « révolution de l'offre » et que de graves éditorialistes écrivent, sans rire, que

1. Auteur inoubliable de *Mon oncle Benjamin*, interprété à l'écran par Jacques Brel en état de grâce.

ce pays infiniment étatiste bascule tout à coup dans une « politique de l'offre » spectaculaire. De telles mesures financières – de simple survie pour notre économie anémiée, si licenciante – ne peuvent évidemment pas suffire à faire revenir l'avenir en France ; cet avenir parti ailleurs depuis longtemps, en Asie ou sous d'autres tropiques. Quand on ment, surtout à soi-même, l'élan vital se tarit. Se payer de mots comporte un effrayant coût psychique. La joie réelle, contagieuse, est fille de l'honnêteté, de la foi candide assumée, pas du coup d'échec.

Pour ma part, je suis joyeux lorsque je regarde ma France car j'y vois – hors du carré ! – des ressources non activées, d'invraisemblables gisements de solutions empêchées, des collections de talents zébresques tapis dans les provinces ; et la seule idée de les rassembler me réjouit, me donne envie de danser sur les tables. Mais quand j'écoute à la télévision le professeur Hollande et ses compétiteurs emmêlés de trouilles, cela écorne ma propre joie de vivre. Je n'aime pas voir un être humain qui n'accède pas à sa pleine vitalité, qui cherche à déminer au lieu de revendiquer sa part de vérité. Pas une seconde ces inquiets n'ont l'air traversés par le bonheur de secourir une nation dans la panade. Ils semblent tous désolés de tout, navrés par les impôts (qu'ils ont fait voter), embêtés des impuissances qu'ils s'infligent. Ignorent-ils que la joie est la clef dans les aventures collectives ? Elle est le carburant de toutes les réussites qui s'emballent. La France a été bâtie par des enchanteurs. Versailles, c'est de la joie visible, un orgasme doré. La République, c'est une joie à partager. L'école de la République est fille de la jubilation d'une bande de dingues à barbiche. Quand j'entre dans Notre-Dame, cet enthousiasme minéral, je ressens par toutes mes fibres le plaisir immodéré que des ouvriers fêlés du Moyen Âge ont dépensé en l'élevant. Chambord, le Mont-Saint-Michel, notre inutile tour Eiffel ? Des orgasmes concrets à contempler ! Dix siècles d'érection collective nous ont façonnés.

Alors, chers élus, à la veille de vous faire bousculer par la société civile qui rassemble sa puissance, dites ce que vous voulez mais dites-le franchement et avec joie ! Chamboulez-nous ! Renoncez à vos airs contrits, à votre acidité déprimante ! Il n'est pas français d'être prudent, de jouir peu et surtout d'être sinistre. La France ne peut être la France sans la joie. Mais j'entends déjà vos graves objections : « Comment pourrait-on barboter dans l'allégresse devant tant de misère, de désemparement et de colères justifiées ? » La réponse claque par sa simplicité : la joie ne dépend pas des circonstances, ni des baffes inouïes que la vie administre. Elle procède entièrement du cœur, du plaisir empoché lorsqu'on prend soin des autres. La vraie joie ne réside pas dans l'objet observé ; elle est tout entière dans l'œil dilaté qui regarde.

La révolution de la confiance

Pourquoi le Front national est-il cru par la rue lorsqu'il parle d'« UMPS ? » Parce que cette contraction boiteuse renferme un morceau de vérité que perçoit le peuple – pas seulement en raison de l'européisme de ces deux formations accolées. Les malveillances glissent ; les vérités entrent en résonance. Voilà qui m'effraie. Laisser aux méchants le monopole de certaines lucidités est une folie pure. Ce genre d'erreur nous mitonne des lendemains glaçants. Comme je le craignais, le FN marinesque (gauchisé, donc), après avoir rameuté le vote d'extrême droite et siphonné une bonne part des voix de la gauche populaire, est devenu le premier parti de France. En laissant ces venimeux formuler certains non-dits français et faire le jeu du réel, les républicains de fibre ont laissé le clan Le Pen capter la confiance des gens en détresse pour se frayer un chemin vers le pouvoir effectif.

On peut toujours ergoter pour savoir si l'UMP aura ruiné le pays à la même cadence ou plus vite que le PS mais, par-delà les différences apparentes ou bien réelles de leurs programmes, les méthodes de gouvernement des républicains au pouvoir présentent d'angoissantes similitudes. Quoi qu'il arrive, quand tombent les écailles partisanes, l'énarque épanoui réapparaît toujours, régnant dans les cabinets, instillant ses méthodes administratives qui ne partent pas des hommes, et tentant systématiquement d'agir par les outils de l'État et de la loi au lieu de faire une confiance franche aux savoir-faire de la société civile. Pour se donner l'illusion d'agir, la droite et la gauche aux manettes bricolent systématiquement des lois dirigistes (sur le logement, l'emploi, etc.), comme si la loi était un moteur réel, comme si elle contenait de l'énergie. Alors que les œuvres humaines d'importance ont toujours été accomplies par des caractères résolus aux fougues bizarres, rarement par des circulaires ou des décrets de papier.

L'horrible vérité est qu'au fil des « alternances » notre classe politico-administrative perpétue son contrôle très tatillon sur la société, ce qui fait moins d'elle la solution que le problème. Moins elle a de prise sur le réel, plus elle produit à tour de bras de la norme et des règlements, dans une spirale sans fin. Tant que les mini-Colbert qui pullulent à droite comme à gauche renâcleront à faire une alliance avec la société agissante, à opérer une révolution culturelle d'ampleur, les mêmes causes produiront les mêmes effets : le FN fera grossir sa pelote noire.

Et quand cette classe dirigeante fait mine de collaborer avec la société civile, elle choisit et célèbre des partenaires – sociaux notamment, ou associatifs – assez faibles pour rester sous sa coupe et qui, surtout, ne songent pas à contester sa domination (jugée morale, la piétaille civile étant réputée vile, intéressée, égoïste ou de courte vue). Alors que gouverner efficacement une société suppose de donner beaucoup de pouvoir à son peuple, non de l'accaparer. La capacité d'action d'un État moderne ne se fonde que sur une société civile vivante, auto-organisée et puissante.

Y aura-t-il un jour une vraie révolution culturelle à droite pour balayer cette logique funeste ? Oseront-ils congédier poliment leurs étatistes ? La gauche mutualiste, coopératiste et associative cessera-t-elle enfin de s'aplatir devant l'insubmersible étatisme de la rue de Solférino ? J'appelle ici à une RÉVOLUTION DE LA CONFIANCE en la société civile. Avant que les sbires du FN ne déboulent.

Lettre d'amour fou aux maires

On trouvera sans doute que je fesse un peu fort les partis républicains. Je fais, il est vrai, partie des ânes qui prennent l'enflure pour du lyrisme et l'outrecuidance pour une marque de conviction. Ne devrais-je pas plutôt me retenir d'agonir ces éclopés politiques alors même que le FN prospère ? Est-ce vraiment le moment de les chicorer ? Mes propos salés ne discréditent-ils pas davantage les partis quand il faudrait les soutenir ?

Si Marine Le Pen est parvenue à ce niveau, ce n'est pas à cause de moi : les partis dirigistes n'ont guère eu besoin de mes commentaires pour être si rudement méprisés ; et je demeure convaincu qu'on ne reprendra pas contact avec le pays qui lâche la rampe sans plonger dans le bain froid de la lucidité.

Par ailleurs, qu'on ne nous fasse pas de procès en populisme – terme si commode pour blanchir les échecs répétés des partis gouvernementaux. Soyons un tantinet probe : la base même du populisme c'est de promettre n'importe quoi pour fédérer les colères.

Or les Faizeux ne promettent rien, ils agissent. D'autre part les populismes sont tous nés d'une vindicte, pas d'une action positive. Leur âme est faisandée de malveillance. Les Faizeux sont donc génétiquement incompatibles avec les populismes infects qui promettent de raser gratis.

Mais revenons à une autre vérité, très réjouissante : si les partis bunkerisés sont vilipendés, les derniers élus républicains à conserver l'estime des gens demeurent les maires, ces téméraires qui se tiennent à portée de baffes. Pourquoi ? Parce que ce sont, eux aussi, d'authentiques Faizeux ! Un Diseux ne se pavanera pas longtemps à la tête d'un conseil municipal, surtout dans les petites communes où on a la claque rapide et le quolibet prompt.

Voilà pourquoi les Zèbres les considèrent avec cordialité comme des cousins rayés. Voilà pourquoi le 28 mai 2014 nous avons lancé au Conseil économique, social et environnemental avec Alain Juppé, Anne Hidalgo, les présidents des grandes associations de maires et une tripotée d'édiles (dont Édouard Philippe, maire romancier du Havre) un appel aux maires pour qu'ils implantent dans leur commune les solutions des Zèbres et fassent remonter jusqu'à nous leurs Zèbres locaux, afin que se diffusent leurs pratiques innovantes. Moment d'espoir pragmatique où les distinctions de partis se sont effacées, où il ne fut plus question que de l'alliance des Faizeux. La puissance invitante, le très charpenté Jean-Paul Delevoye, exalta la salle de ses déclarations civiques et scella avec les zébrés un pacte sincère. Delevoye devint l'homme de cœur qui avec son équipe rayée

– Christian Le Roux et Thibaud Dernoncourt – organise l'interface entre les élus locaux et Bleu Blanc Zèbre. Nous ne pouvions trouver tribun plus convaincu de l'inanité invraisemblable des partis, patriote plus persuadé de la nécessité de tirer profit de l'inventivité exubérante de la société civile. Quel homme prêt aux grands affrontements !

L'aventure de nos rapports avec les communes commença ainsi. Des dizaines de villes nommèrent ensuite des « chasseurs de Zèbres ». Nous embarquâmes même dans notre sillage des élus locaux supérieurement Zèbres. Sébastien Gouttebel, président des maires ruraux du Puy-de-Dôme, est de ceux qui me font bouillir de joie. Ce goinfre devant l'Éternel et immense fêtard (je l'ai senti) a imaginé un système de récupération et de reconditionnement des ordinateurs jetés par des entreprises et des administrations qui permet à ce Zèbre dans l'âme d'équiper gratuitement les écoles de son département ! Son savoir-faire devra forcément faire école.

Automne 2014, me voilà sur les routes pour rejoindre le congrès des maires ruraux avec Aurélien Sallé. Direction Nohan, dans le Berri (sa terre), chez l'agaçante George Sand (je n'aurais pas pu être l'amant de cette fille géniale mais urticante). Immense bonheur de surgir dans cette atmosphère de jacquerie, de raconter à ces courageux (il faut tout de même être dingue pour être maire d'un territoire rural dans la France actuelle) ce que nous allons faire avec eux et pour eux. Soudain, les rages s'embrasent dans la salle contre le gouvernement. Pour me repérer, je demande à un vitupérant s'il est de droite ou de gauche. Un grand steak fumant se lève en fond de salle et hurle : « On s'en fout, Jardin, on représente la ruralité ! » Tonnerre d'applaudissements. La salle célèbre le gaillard, le soutient, l'acclame ! Je comprends à cet instant que, quoi qu'on puisse raconter dans la presse parisienne, les élus qui représentent 32 000 des 36 000 communes françaises ne se reconnaissent plus dans la distinction droite/gauche. Dans cette salle où battent les cœurs des représentants de nos cent départements, c'est palpable.

Même impression dans le bureau de François Baroin fraîchement élu à la tête de l'Association des maires de France : ce Faizeux de tripes raisonne territoire, action réelle, on-fait-quoi-où-comment-avec-qui ? Lorsque je lui propose de faire de l'AMF un outil actif de développement de Lire et faire lire, il ouvre les bras. L'animal souriant a compris que recoudre une société décousue passera par ses élus locaux et des programmes citoyens comme celui-ci, par leur massification rapide. L'intégration réciproque est aussi une question de *tendresse*, mot si difficile à manier par l'administration et si naturel pour nos engagé(e)s dans les écoles. Et quand je croise, un soir bruyant à l'Assemblée nationale, l'influent maire de Courcouronnes, Stéphane Beaudet[1], il m'entreprend aussitôt sur un dispositif destiné à récupérer les élèves expulsés provisoirement qu'il a repéré au Québec et acclimaté dans sa commune. Pas une seconde, cet élu local ne s'est avisé qu'il n'était pas ministre de l'Éducation ! L'animal est passé à l'acte, à la québécoise ;

1. Président de l'Association des maires d'Île-de-France.

comme si, d'instinct, il avait senti qu'on ne vieillit que le jour où l'on cesse de tenter.

Mais les Zèbres ne sont pas que mairophiles. Quand un Jean Sarkozy, alors vice-président du conseil général des Hauts-de-Seine en charge de l'économie sociale et solidaire (ESS), décide d'accompagner le développement de l'ESS dans son département, nous collaborons avec lui pour orienter vers notre plateforme les champions qu'il a repérés. Tout élu de terrain – conseil général (celui de la Loire-Atlantique notamment) ou régional – est notre partenaire s'il agit effectivement.

Nous croyons en la République des Faizeux !

Et tenons pour une chance inouïe de ne pas avoir d'homme providentiel, ce qui nous contraint à devenir un peuple providentiel.

Mais par quelle stratégie subversive et inattendue allons-nous faire irruption dans le débat politique national ? Nous allons entrer comme par effraction !

Souvenir numéro huit

Une rencontre acheva de faire de moi un politique qui ne veut pas se faire élire.

Printemps 2008. L'esprit saturé de pensées stupides, je n'arrive pas à m'endormir. Il est tard. Je fais défiler les chaînes de télévision et soudain tombe sur un visage anormal, une lumière. Sur un canal catholique dont j'ignorais l'existence – KTO – est interviewée une jeune femme qui a la densité prodigieuse, la présence et la puissance d'une sœur Emmanuelle de vingt-sept ans. Elle parle de la vie sans la peur, libérée de la trouille. Visage beau, infiniment vivant. Un moi absolument rétracté, aboli, quasi dissous. Un verbe centré. Moi, l'écrivain si peu catholique et si perplexe devant un missel, je suis captivé par la joie qui émane de cette personne. Aussitôt, je réveille ma femme :

— Regarde, il y a Jeanne d'Arc à la télé !

— Pourquoi tu regardes cette fille ? bougonne-t-elle dans un demi-sommeil.

— Ce n'est pas une fille, c'est une quasi-bonne sœur.

— Mignonne..., grogne-t-elle avant de retourner dans ses rêves.

Huit jours plus tard, la Providence arrange les choses : une journaliste de KTO me contacte pour m'interviewer. J'accepte à une condition : qu'elle m'obtienne un rendez-vous avez l'apparition nocturne qui se nomme... Honorine Grasset. C'est ainsi que dix jours plus tard me voilà parti pour une communauté de laïcs consacrés (une escouade de mystiques qui ont prononcé des vœux) située au diable vauvert, le cul de la Bretagne. Ma femme s'inquiète : que vais-je faire là-bas, au milieu des bruyères, avec cette fille éclatante ?

En route, je suis soudain rattrapé par le doute : que vais-je effectivement faire dans cette bande de catholiques, moi le mécréant ? Et qui ne me suis jamais senti à l'aise dans les sacristies. Arrivé à Tressaint, au bout d'un chemin boueux, je m'enferme avec Honorine dans un parloir et lui lance aussitôt :

— Je vous ai vue à la télévision et j'ai aussitôt pensé à un truc bizarre...

— Quoi ?

— Que vous devez... vous occuper du pays qui souffre. Nous n'avons plus de vrais leaders, seulement des politiques possédés par la peur. Vous avez du pouvoir, vous êtes le pouvoir. Utilisez-le pour les gens, sortez d'ici.

— Non, me répond-elle. Ce que je suis est lié à ma manière de vivre ici. J'ai voulu faire de la politique avant de m'engager à Tressaint et je me suis vidée au contact d'hommes creux, des élus qui vivaient hors d'eux-mêmes. Ici, je suis pleine, remplie.

— Mais vous n'avez aucune influence.

— Je rencontre chaque année des centaines de jeunes qui viennent faire des retraites. Notre rencontre est réelle.

— Ça ne fait pas grand monde.

— J'ai un grand pouvoir en vivant comme je vis. En veux-tu la preuve ?

— Oui.

— TU ES LÀ.

Elle s'arrête un instant et ajoute gaiement :

— Je suppose que tu as une vie très remplie. Tu es pressé de part et d'autre par mille projets, pourtant tu as pris le temps de venir ici, en face de moi. Tu es là !

J'en suis resté soufflé.

Notre conversation acheva de me convaincre de la nécessité de mener une vie personnelle qui ne décentre pas, qui ne brise pas la puissance interne qui nous est donnée dès lors que l'on habite son être, quand on échappe à l'écume des choses.

Peu de caractères m'ont autant donné envie de ne pas me faire élire, de veiller à mener une existence qui ne vide pas. Afin de donner chaque jour du pouvoir aux autres plutôt qu'en prendre.

Et nous sommes restés amis !

L'extraordinaire arrive

Dans ce combat quotidien pour refonder l'époque, je m'attends toujours au meilleur. Parfois, l'extraordinaire arrive. Qu'on se le dise : la France est le pays des encolérés de bonne volonté, des indignés pragmatiques et des personnages de roman qui, de temps à autre, descendent jusqu'à nous.

Un matin, j'oublie le roman d'amour que je peaufine pour me rendre à Lyon au congrès des « administrateurs territoriaux ». L'intitulé peut sembler lugubre mais en vérité nous ne pourrons pas impliquer la population dans un redressement national sans le concours de ces Faizeux locaux. S'ils ne sont pas convaincus de l'utilité de cette implication novatrice, tout risque de caler.

J'entre dans un centre de congrès désespérant, suis accueilli par des mines réjouissantes et m'assieds pour écouter l'intervenant qui me précède : un haut gaillard, élu d'une commune alsacienne, dont la braguette est béante. Dois-je l'avertir de cette négligence ? Trop tard, le tribun fait jaillir son verbe rocailleux, truculent et vert. Un instant je me souviens d'un détail que m'avait raconté ma grand-mère. Le vorace Jaurès était paraît-il un mangeur peu soigneux, suroccupé par ses pensées et ses périodes oratoires fiévreuses. On pouvait voir sur sa chemise des fragments de ses repas précédents.

L'élu mal rhabillé semble possédé par son ardeur civique. Maire citoyen de Kingersheim (banlieue de Mulhouse), il se nomme Jo Spiegel. Ce Zèbre-né est d'emblée si captivant que personne dans la salle ne remarque l'état de sa braguette ! Sa critique acide de notre démocratie à l'agonie, du fossé qui ne cesse de se creuser entre les représentants et les représentés s'abat sur l'assistance médusée. Dantonesque, mangeant toute sa grosse brioche républicaine, Spiegel tonne, rappelant que le rôle d'un élu est de donner sens et vie à l'égalité, qu'il ne peut donc être distingué, extrait du corps qu'il représente, qu'il ne peut succomber aux tentations de l'ego. Jupitérien et modeste comme personne, il explique comment faire renaître et fructifier la démocratie à partir de l'échelon local, sans y aller mollo. L'émotion déferle car il EST intensément ce qu'il dit. Et, en Faizeux authentique, le voilà qui détaille les modalités pratiques de son idéal. Jo Spiegel explique comment fonctionne sa Maison de la citoyenneté où s'élabore le débat dans sa commune, avec l'appui de commissions et d'« assistants maîtres d'ouvrage », sortes d'ingénieurs du débat public, qui veillent à ce qu'émerge la parole publique et au respect d'une haute éthique de la discussion, puis du compromis. Son obsession ? Que la démocratie soit inclusive, active ! L'animal qualifie la démocratie du bulletin de vote de « démocratie passive ».

Tandis qu'il cause, le républicain en moi jubile. Je frémis qu'existent dans mon pays des politiques désirant être frères et non pères, vivant réellement cette forme aventureuse de fraternité. Quel frais bonheur d'être le contemporain de tels hommes qui consentent à descendre du piédestal où le peuple place si souvent ses élus, avant de les déboulonner ! Privilège inouï de se frotter à des caractères pour qui l'exercice citoyen est aussi un acte d'amélioration individuelle.

Parfois, l'extraordinaire arrive.

Mais ce qui se produisit le 28 janvier 2015, entre 16 heures et 18 heures, est de ces miracles dont je ne croyais plus capables les responsables de ce pays.

J'ai rendez-vous ce jour-là avec Pierre Gattaz au siège du Medef, dans ce Paris de la chance qui m'a vu naître. La responsable très décadrée de l'éducation et de la formation au sein du mouvement patronal, Florence Poivey, m'a ménagé cet entretien en pensant que nous aurions des choses à nous dire. À vrai dire, je pensais demander benoîtement à Gattaz les coordonnées de Zèbres-entreprises, de Faizeux capables de rendre des services d'intérêt général. Et puis que m'a-t-il pris ? Intuition, sentiment que tout est désormais possible dans une France où renaît l'esprit de civisme ? Je convie à notre rendez-vous – sans avertir le Gattaz – l'une des meilleures stratèges du monde associatif, de cette gauche faizeuse qui m'enthousiasme, Nadia Bellaoui. Furieusement libre de tempérament, Nadia est secrétaire nationale de la

Ligue de l'enseignement, et surtout présidente du Mouvement associatif (l'ancienne Conférence permanente des coordinations associatives) ; autant dire présidente du Medef des associations. Étonnement souriant de Pierre Gattaz quand il comprend qui est l'invitée surprise. Tandis que je lui expose la stratégie des Zèbres et le rôle clef que les entreprises responsables doivent y jouer, s'esquisse dans nos débats une alliance de fait – une volonté chaude de coopérer – entre la carpe et le lapin, entre Faizeux de sensibilités très différentes mais désormais conscients, face au désastre social, de la nécessité d'autonomiser la société civile par rapport aux partis et à l'État.

— Financièrement, c'est déjà le cas pour les associations, explique Nadia. Plus de la moitié de nos financements ne viennent plus de la sphère publique. Mais c'est surtout la tutelle psychologique que nous devons secouer !

Chacun gardera évidemment son quant-à-soi et peut-être ses habitudes idéologiques mais, au travers des Zèbres qui unissent des compétences (au travers d'opérateurs engagés), se dessine la possibilité de faire travailler ensemble à grande échelle – afin de peser politiquement – deux mondes que la France a besoin de voir réunis pour que les citoyens se prennent vraiment en main : les entreprises et les associations ! Dans le bureau, autour de cette table, le constat partagé était palpable. L'esprit de civisme dominait la conversation ; et cela me touchait, me rassurait le cœur. Bien sûr, ces deux univers s'interpénètrent depuis longtemps, mais politiquement chacun est toujours demeuré campé sur ses différences, ses petites préventions. L'alliance des Faizeux est en route pour contourner les politiques et les ramener dans leur pré carré.

Au sortir de ce rendez-vous, sur mon scooter, je jubilais. Je chantais comme un dingue ! J'en ai même brûlé deux feux rouges. Les désastres, parfois, permettent de faire sortir du cadre les institutions que l'on croyait fossilisées. Quel bonheur de constater qu'en mettant en commun des savoir-faire utiles à la nation, il est possible de faire avancer ensemble au sein des Zèbres des cultures historiquement antagonistes, à peu près irréconciliables sur le papier : les partisans de l'écodéveloppement pur et dur, les initiatives d'intérêt général de la FNSEA, la Ligue de l'enseignement et des mouvements patronaux...

Je vous le dis, ce pays va nous étonner.

L'action partagée ne dissout pas les hostilités ; elle crée simplement des situations nouvelles qui ouvrent les esprits.

Mais revenons à la stratégie politique des Faizeux !

Ce que j'ai appris de Nicolas Hulot

L'aventure remarquable de Hulot – qui m'a en son temps enthousiasmé – m'apparaît désormais comme le parfait laboratoire de ce qu'il ne faut pas faire pour inviter au premier rang la société civile dans le débat politique. Même si son colossal talent fut d'avoir ouvert la voie.

De ses cinq erreurs stratégiques (à mes yeux), les Zèbres ont tiré des conséquences très pratiques.

Première faute hulotesque : être monoproduit. Nicolas Hulot ne combattait que pour une cause, se privant ainsi de la base sociale des autres causes qui auraient pu adjoindre leur puissance à la sienne. C'est aussi pour cela que les Zèbres traitent l'ensemble des sujets qui affligent notre société. Nous sommes partis de l'aventure Lire et faire lire, préoccupée d'échec scolaire, pour rallier tous les Faizeux ayant acquis une légitimité par une action de rupture au service de la France. En organisant l'alliance des entreprises (petites et grandes), des maires, des fonctionnaires créatifs, des associations et des professions malmenées, nous représenterons en 2017 une masse critique difficilement contournable.

Deuxième erreur : proposer un « pacte » aux partis politiques en leur disant : « Signez et faites-le ! » C'était une faute absolue. Ces gens-là ne sont pas des Faizeux, ils ne sont pas nés de l'action mais d'élections et de batailles d'appareils. Bien sûr que ces girouettes n'ont pas su ensuite passer à l'acte avec ténacité ! Les Zèbres diront à ce qui restera des partis : « Signez et laissez-nous faire ! » Nous proposerons à la France non des idées et des lois mais des opérateurs déterminés de terrain, des actions concrètes ayant déjà fait leurs preuves, dirigées par des leaders crédibles. Tous recrus d'expérience et nettement plus fiables que les politiques aux yeux du peuple.

Troisième faute : son « pacte » comptait plus sur la loi et le recours aux normes que sur les Faizeux, sur une liste solide de gens capables de FAIRE EUX-MÊMES ce que Hulot préconisait. Le malheur avec le recours à la loi c'est que c'est toujours un procédé un peu magique, une forme subtile de défausse qui induit de se dessaisir soi-même de son pouvoir d'action. Ce que la loi édictera ne sera plus *à faire*... Illusion complète ! Tout reste toujours à réaliser par des hommes et des femmes de chair. La question clef demeurera toujours : *qui fait quoi, où, comment et quand ?* D'ailleurs, Hulot lui-même en arrive aujourd'hui à ce constat avec sa nouvelle campagne de mobilisation citoyenne My Positive Impact qui valorise les solutions qui existent déjà pour lutter contre le changement climatique.

Quatrième faute : le solaire Hulot, même furibard et imprécateur, répugne au noir. C'est un choyé du destin. Or aucune plaque tectonique politique ne peut bouger sans fédérer d'atroces colères, sans s'enrouler dans d'affreux sentiments. Ses mises en garde – pour fondées qu'elles soient – restent celles d'un privilégié adepte des beaux espaces. Sa parole ne sent pas la ligne 13 du métro parisien, la queue pénible à Pôle emploi et l'aigreur légitime des mal payés. Les Zèbres resteront arrimés de ce côté-là de la vie – bien que j'aie de par mon extraction bourgeoise, mon rire facile et mes romans dénués d'ombre exactement le même défaut que lui. J'aurai donc à surveiller mon tropisme de milieu.

Cinquième vraie sottise dangereuse : le courageux Nicolas Hulot adossa son aventure au mouvement politique des écologistes qui, comme tout bon parti, eut raison de lui car ce citoyen sincère n'était pas homme d'appareil – et c'est tout à son honneur. Les Zèbres ne deviendront donc pas un parti politique classique, avec toutes les dérives inhérentes aux machines qui rêvent d'accéder au pouvoir institutionnel et, *in fine*, de se perpétuer.

Le mouvement des Zèbres aura le très vif plaisir de se saborder à Noël 2017, après avoir redonné un merveilleux pouvoir aux Faizeux de la société civile[1],

1. Sous une forme efficace mais non institutionnelle, qui doit demeurer évolutive, organique, structurellement apte au changement. Le contraire d'un fromage de la République, de ces usines à recaser ses amis non remuants, les obligés dociles et tous les corps intermédiaires en mal de financement... Un bastion de Faizeux auquel nous remettrons le fruit de nos efforts.

avec la joie complète d'avoir stimulé cette mutation historique. Nous nous situons sur un tout autre plan que l'action politique classique, celui du civisme viscéral. Et si d'aventure certains agrippés voulaient muer notre mouvement joyeux en parti, je les abandonnerais. Nous devons rester une aventure fougueuse, une épopée gratuite, jamais un club de notables assis ou d'apprentis ambitieux. Soyons les amants de la République qui lui feront de beaux enfants, pas de vieux maris[1].

1. En 1945, à la Libération, de Gaulle décida de clore l'ordre de la Libération et de ne plus faire un usage autre qu'historique des mots « France libre ». Ce détail – qui n'en est pas un – ne nous a pas échappé.

La révolution des pratiques

Disons-le acidement : les partis sont peuplés d'indécrottables partisans des « programmes », de très brillants esprits qui rêvent d'établir une liste interminable de « promesses » censées nous dire « quoi faire ».

Jamais – ou très rarement – « comment le faire ».

Remarquez combien cette question est jugée subalterne, un brin mesquine, vouée à la piétaille laborieuse chargée des besognes obscures – entendez le passage à l'acte.

Jamais aucun parti n'a travaillé sérieusement la rénovation méthodique du « comment on fait ». Les *think tanks* qui leur sont idéologiquement liés sont également obsédés par le « quoi faire », la partie supposément noble d'un projet politique. Les Zèbres ont clairement inversé le problème en partant des pratiques effectivement disponibles, du stock des véritables *doers*. Pour nous autres, les Faizeux à la peine, la noblesse d'une politique est surtout dans la qualité de son exécution, pas dans ses objectifs affichés.

L'expérience nous a appris qu'il y a chez les praticiens une propension naturelle à aimer l'invention véritable, celle qui conduit à tout repenser différemment. Si l'État a pour métier de pérenniser ses structures mêmes quand elles échouent, les citoyens – fonctionnaires ou autres – qui raffolent des pratiques sont très souvent fascinés par toutes les formes d'innovation bousculantes, y compris les plus éloignées de leur domaine d'intervention. Ce sont très rarement des gens d'habitudes, des intellectuels ruminants ou des répéteurs de formules.

Lors de ma première rencontre avec un nouveau Zèbre, à la brasserie Wepler, place de Clichy à Paris (l'un de nos repaires), je découvris avec stupéfaction son programme – Civiscol produit par Educlever – qui propose une plateforme numérique de réussite éducative aux administrés de toutes les mairies de France. Au fil des explications goûteuses de Benjamin Magnard, j'appris que cet animal creusois – aux allures de touriste edwardien – avait étudié le japonais, la gestion et s'était ensuite lancé dans l'informatique ; puis, soudain, il tira d'une serviette un gros document proposant une réforme intégrale de l'Éducation nationale ; et, enfin, ce Zèbre me montra avec exaltation les photos de son dernier prototype de voilier décollant au-dessus des flots en basculant la voile vers l'avant ! Allez voir sur voilavion.com, c'est une plateforme d'essai destinée à tester toutes sortes de gréements et de foils afin de trouver le meilleur compromis vitesse-jouissance-confort de navigation. Vous constaterez ainsi à quoi pensent la nuit les innovateurs pédagogiques zébrés ! Churchill, instable curieux, l'aurait aimé. En quittant le Wepler, il me laissa sa carte de visite... rédigée en japonais. S'excusant platement, il m'en donna une autre... en russe. Je n'osai le lui faire remarquer.

Une autre Zébrette au physique de reptile, humaniste à qui la France doit beaucoup[1], me montra un soir sa cave sans air où dorment des objets macabres qui lui permettent d'aller vers les forces les moins connues et les plus redoutables, les asservissant par la magie blanche ou entrant en sympathie avec elles. C'est ainsi que je découvris dans ce sous-sol étouffant du XXe arrondissement de Paris des fouets à clous allemands, une tête réduite jadis par quelque Péruvien, un lot de sièges de torture tchèques à couteaux dorsaux, de sinistres poupées pour les envoûtements transpercées de dagues, d'antiques testicules de chevreuil destinés à être noués autour de ceux des suppliciés du haut Moyen Âge. Je demeurai pantois qu'un cœur si bon fût à ce degré en contact avec le pire.

La vérité est là : les fous de l'invention sont parfois très bizarres. Ils ne raisonnent pas dans le carré. Ces furieux projettent leur passion gloutonne pour l'innovation dans tous les domaines qu'ils triturent, mastiquent et régurgitent. Notre pays en panne, livré à des effrayés de la vie, ne peut plus se passer de ces caractères intenables. Ce sont ces gens-là – souvent pittoresques – qui porteront la révolution des pratiques ! Ces Zèbres à l'énergie communicative sont

1. Je suis obligé de taire son nom... on comprendra pourquoi !

en train de liguer leurs efforts, d'articuler leurs initiatives téméraires et de frotter leur optimisme.

Certes, l'initiative citoyenne – aussi méritoire soit-elle – ne peut pas se substituer à l'action politique d'envergure ou à des réformes dites structurelles. Mais c'est bien par elle que le crédit se regagnera. C'est par elle, en obtenant des résultats visibles, que le discours général redeviendra audible. J'aimerais que bientôt les journalistes ne demandent plus aux candidats « Que promettez-vous ? » mais « Qu'avez-vous personnellement fait pour servir la communauté ? », « Avez-vous créé des emplois par votre action propre, alphabétisé des gens, remis en selle des chômeurs largués, permis la réussite d'un gamin ? ».

Et si nous exigions de nos élus qu'ils rédigent une note publique sur leur légitimité personnelle – et non partisane – à briguer tel ou tel poste ou mandat ; une note où ils déclareraient non ce qu'ils ont pensé et cru benoîtement mais ce qu'ils ont réalisé dans leur vie personnelle pour autrui ; une note qui répondrait à cette question clef toujours éludée dans les interviews : « Qu'as-tu fait pour ton pays ? »

Avoir déjà œuvré soi-même doit devenir source de légitimité dans notre vie publique délabrée !

Souvenir numéro neuf

Ce souvenir est récent. Il m'a crevé le cœur et mis les nerfs en pelote.

Le 2 juillet 2014, j'allume la télévision et que vois-je sur TF1 ? Un homme, Nicolas Sarkozy. Il se taisait depuis deux ans et prend soudain la parole pour parler sans honte de lui, de ses tracas individuels. Certes, il a le droit légitime de se défendre contre des juges qui le traquent. Il a, hélas, également celui de passer à côté des Français en les éludant. Condamné à mort par Vichy, déchu de sa nationalité (ce qui est tout de même désagréable) et spolié de tous ses biens, Charles de Gaulle ne parla jamais de son petit cas. Seulement de la France. Et du rôle que les Français pouvaient jouer pour se sauver eux-mêmes en se prenant comme point d'appui. Pendant quatre ans, jusqu'à ce que fût rétabli le soleil de notre grandeur, il ne s'arrêta jamais aux misères qui le frappaient personnellement.

Face à l'adversité, l'homme d'État dissout son ego, efface son moi et ne pense qu'aux autres. Sans qu'on puisse piocher rien de purement théâtral dans ses attitudes. Il range son nombril au magasin des accessoires.

Si Nicolas Sarkozy avait craché son grumeau et expédié ce soir-là en une brève minute les questions judiciaires le concernant pour ne parler que de NOUS après deux ans d'abstinence verbale, tout eût été différent. Nous aurions alors senti une mue, une purge de ce moi excessif, omniprésent, qui fut rejeté par la nation en 2012.

Disons-le avec netteté : nous n'en pouvons plus de ces « moi, président » qui encombrent l'Élysée de leur ego dilaté qui les empêche de voir authentiquement le génie de notre peuple. Et les ressources qui gisent en nous tous. Qu'ils aient enfin la fièvre des autres ! La passion du « je », du « moi, moi, moi » aura tant coûté à notre peuple. Comment l'hésitant de l'Élysée a-t-il pu avoir l'indécence de scander, face au peuple, « MOI, président, MOI, président, MOI, président », avouant ainsi qu'il souffrait de la même maladie que son devancier chassé ? Souvenons-nous que c'est en se rasant que ce dernier eut l'idée de s'asseoir sur le trône de Charles – mais en se rasant, qu'a-t-il vu ? Sa propre binette dans le miroir, pas le doux profil de la France ! Ce 2 juillet 2014 fut bien la suite.

Hélas, il n'y a pas que ces deux-là pour se distribuer de gros compliments dorés...

Disons-le sans détour, le premier facteur d'instabilité pour notre peuple, c'est l'ego de nos élus. Ce que coûte à la France l'ego des politiques est proprement extravagant. À chaque initiative gouvernementale, le peuple encaisse avec désarroi. La fonction publique également, et peut-être surtout ! Les enseignants, victimes privilégiées de tous les *refondateurs* de l'Éducation nationale, en savent quelque chose... Quel leader aura eu, ces dernières années, l'humilité de trouver grand qu'une nation se sauvât elle-même, sans qu'il y ait, lui, en trop de part ? Tous ont successivement encombré le pays de leurs dépenses qui traduisent leur inextinguible besoin de dire JE, du déluge de LEURS lois (ah, l'extase de donner son nom à une *grande loi*, à une réforme apparente !) et d'un imbroglio de normes ; toutes entraves à l'enthousiasme collectif qui ne sont que la transcription politique de leur égocentrisme. Naturellement, cette dinguerie se fait avec l'assentiment tacite de l'opposition remplie d'orgueil qui attend son tour pour imposer son MOI à la nation.

Souvenons-nous que c'est en disant « yes, WE can » qu'un Afro-Américain fit oublier à son peuple majoritairement blanc qu'il était noir... mais bien capable d'incarner le NOUS américain, ce NOUS qui est la clef de la vraie puissance. En créant la Sécurité sociale à la Libération et en donnant le droit de vote aux femmes puis en décolonisant, Charles ne suivit pas ses inclinations personnelles ; il épousa celles, plus amples, d'une nation qui se recommençait. Quoi qu'on ait pu dire, cet homme ne laissa jamais son petit moi le gouverner.

Alors, puisque nos présidents suroccupés d'eux-mêmes sont hélas peu charliens, les Faizeux qui œuvrent vraiment pour autrui se rassemblent aujourd'hui. L'ample mécanique civique est lancée. Je peux vous le dire pour les connaître de près : les leaders efficaces que nous rencontrons, eux, n'ont pas la maladie du moi. Ils savent dire NOUS spontanément ! Avec un civisme désarmant que l'on croyait disparu. Je les sens inaptes à la prédication pontifiante, inconnus et profondément anonymes, branchés sur un autre voltage que celui de notre époque égotique. Ces gens accèdent à la partie élevée d'eux-mêmes. Et, surtout, ils sont le changement. Leur manière de vivre, d'aimer, d'entreprendre et d'oser tous azimuts est le changement dont le pays a besoin.

Quelle fraîcheur !

Les outils politiques des Zèbres : les bouquets !

Comment transformer des milliers de Faizeux éparpillés, souvent opposés, en une authentique force unifiée de rupture, capable de redynamiser la France ?

Avant d'examiner la stratégie politique des Zèbres dont je suis garant, observons avec plaisir comment ces poussières d'initiatives s'organisent en ce moment en une sorte de « gouvernement civil » qui offre dès à présent ses services opérationnels à nos mairies puis, demain, à la République.

L'idée est si simple qu'elle marche !

Les Zèbres répertoriés sur bleublanczebre.fr se sont longtemps présentés sur notre site comme une sorte d'aimable catalogue à la Prévert ; désormais ils se rassemblent en « bouquets de solutions » afin d'articuler leurs compétences pour gagner en efficacité. Et demain en puissance !

Un « bouquet », qu'est-ce que c'est ?

Un groupe de Faizeux qui tentent, par des méthodes diverses, de venir à bout d'un problème que l'État ne parvient pas à régler. Les Faizeux réunis peuvent être des entreprises portées par des actionnaires classiques, des associations, des maires créatifs, des acteurs de l'économie sociale et solidaire ou collaborative. Nous nous fichons intégralement de leur statut, de leur sensibilité partisane ou de leur foi. Seuls trois critères fondamentaux nous obsèdent : ce qu'ils réalisent est-il efficace ou pas ? ces acteurs impliquent-ils la population ou non ? ces opérateurs ont-ils envie d'avancer de concert ou pas ? et sont-ils capables, dans les vingt-quatre mois qui nous séparent encore de l'élection présidentielle, d'articuler – en agrégeant sans répit de nouvelles actions locales ou nationales – une offre intelligente proposée d'abord aux territoires puis à la nation, pour qu'elle se prenne en charge ?

Moment très émouvant que le soir où se fonde le bouquet Accès à l'Emploi qui se tient dans une pizzéria de la porte de Clichy, à Paris. Quatre Zèbres raisonnant hors du cadre sont censés s'y retrouver pour se renifler : CVStreet de Marseille, les Cafés contact emploi de l'Alsacien Paul Landowski, Force femmes qui s'est spécialisé dans le retour au boulot des chômeuses de plus de cinquante ans (avec des spécificités propres aux femmes aidées par d'autres femmes : travail sur l'image de soi, vestiaires, etc.) et Solidarité nouvelle face au chômage (SNC, accompagnement individualisé des chômeurs). Leurs méthodes sont parfaitement distinctes mais il est évident qu'un problème aussi complexe que le retour à l'emploi doit être traité par un faisceau de tactiques. Finalement,

Force femmes ne pourra pas venir ce soir-là. Tandis que pâtes et salades sont servies, les leaders des trois autres programmes prennent la parole, découvrent le fonctionnement d'un autre bouquet déjà constitué (« Entreprenez votre vie ! ») et écoutent les suggestions de la présidente de la Fondation Vinci qui nous suggère de gagner du temps en confiant le travail d'extension nationale de nos Zèbres à un opérateur déjà rodé, le réseau GNIAC[1]. Très vite, le débat devient technique, passionné et optimiste. Les uns et les autres se sentent capables de remettre la France au boulot. Ces ardents n'ont que peu de points communs avec les Diseux que l'on entend à foison sur les plateaux de télévision. Une chose me frappe : ils estiment les méthodes des autres. La nécessité de modéliser les partenariats futurs pour s'implanter dans nos territoires allume les commentaires. La responsable de la création des bouquets de solutions prend mille notes techniques. Romancier, je décroche un peu – diable, qu'est venu faire dans cette galère l'auteur de *L'Île des gauchers* et du *Roman des Jardin* ? – mais, à les entendre tous, je sens bien que les maires de France ont intérêt à faire venir chez eux des opérateurs différents capables de prendre la question de l'accès à l'emploi de multiples manières. Et demain, le gouvernement de mon pays sera chanceux de trouver en face de lui des politiques amples proposées par la société civile.

Amples mais surtout pas trop cohérentes ! J'insiste sur ce point car nos énarques ont la déplaisante

1. Groupement national des initiatives et des acteurs citoyens.

habitude de vouloir mettre de la « cohérence » là où la complexité de la vie appelle des solutions très diverses, si possible contradictoires. Aucune difficulté sérieuse ne touche des populations homogènes partageant les mêmes croyances, les mêmes sensibilités ou la même histoire affectivo-politique. La diversité des profils suppose une diversité des approches. C'est l'une des raisons qui nous a poussés à vouloir faire collaborer au sein des Zèbres les entreprises, les élus locaux et les associations. Leur logique propre crée des stratégies diverses, seules capables de venir à bout de phénomènes complexes.

Je fus plus à mon affaire quand se créa le bouquet éducation piloté par François Benthanane (patron hors du commun de Zup de Co). On parla tout de suite de plateformes numériques de réussite éducative privées – remarquable CIVISCOL, par Educlever –, d'associations favorisant l'intégration des lycéens à fort potentiel de nos banlieues dans les grandes écoles (Connex'cités, etc.) et de mon Lire et faire lire qui met en ordre de bataille, dans nos cent départements, la Ligue de l'enseignement et l'Union nationale des associations familiales. Deux vieilles dames ragaillardies par ce combat de rue, gagné quartier par quartier par des bataillons de retraités. À chaque fois, je reste médusé de constater combien les responsables de chaque action sont intéressés par les savoir-faire des autres, habités par l'envie de réparer la France. Ces Faizeux défendent leur engagement, mais tous ont accès à la partie haute de leur être. Quand je propose que les Zèbres aident un jour le Service militaire adapté – qui œuvre avec succès dans les DOM-TOM – à envahir la métropole, l'enthousiasme est palpable. Comme si chacun était fier des résultats obtenus par ces militaires de l'outre-mer[1]. L'esprit d'ouverture règne. Le pays ne peut plus se permettre de chipoter, et de distribuer des bons points moraux. Nous avons besoin de l'ingéniosité des Faizeux de toutes sensibilités pour refaire de la France un exemple, et surtout un laboratoire pour le monde ; ce qui est bien notre fonction historique.

Il va donc de soi qu'aucun bouquet ne sera clos. Pas question de créer des monopoles ! Nous ne sommes donc pas que zébrophiles mais joyeusement ouverts aux savoir-faire (souvent fort inattendus) détenus par les opérateurs tapis dans nos provinces fécondes qui n'ont pas encore rejoint les Faizeux. Il va également de soi qu'en 2017 nous serons très loin d'avoir achevé l'énorme travail de rassemblement des meilleurs Faizeux aptes à relever la nation en la mobilisant. Rien ne se fera facilement, tant ces gens divers sont parfois volontaires, épidermiquement attachés à leurs valeurs et bouillants.

Une nuit, place de Clichy, je reste médusé par la tempête verbale qui souffle dans le gosier du fondateur du bouquet « Entreprenez votre vie », le très cornélien Aurélien Sallé. Gobeur d'alexandrins, il éructe littéralement :

— Je hais les statisticiens de l'INSEE qui

1. Rappelons que 77 % de leurs jeunes volontaires – pas exactement les plus favorisés – sortent au bout de dix mois du SMA avec un contrat de travail !

décrivent un pays à leur image ! s'exclame-t-il en me plantant ses ongles (des griffes) dans l'avant-bras. Désormais, ces fonctionnaires du chiffrage ne décomptent plus les « autoentrepreneurs » – terme qui signifie *se prendre en charge, retrouver sa dignité, être* AUTO*nome* – mais les « MICROentreprises » ; ce qui dans leur cervelle veut dire *micro, petit, merdique, qui ne compte pas* ! Par cette expression, ces sans-cœur refusent de reconnaître leur autonomie aux gens courageux qui se battent, et se rebiffent. Ce sont des malpropres, des faquins de Bas-Empire, des gourgandines, des tire-laine stipendiés !

Sans oser contredire le lyrique qui cite le Cid place de Clichy avec une énergie de rocker nocturne, je déplante ses ongles acérés et me masse l'avant-bras. Pourquoi faut-il que mes Zèbres soient tous aussi éruptifs dans leurs emportements ? Et si souvent irrévérencieux... non sans style !

C'est Aurélien Sallé[1] qui, avec une obsessive rage de seigneur bourru berricho-normand, a fédéré quantité d'outils[2] afin que nos élus locaux puissent permettre aux citoyens qui ne se croyaient pas capables d'entreprendre de le faire ! Comment diable ? En fédérant localement les réseaux de l'entrepreneuriat pour informer les candidats qui s'ignorent – le mot *business plan* a pour eux, on le sait, une sonorité exotique – des outils de création à leur portée, des possibilités de se cofinancer par le

1. Également délégué général de Bleu Blanc Zèbre.
2. Associations, entreprises, etc., notamment toute la sphère d'Entrepreneurs demain ! déjà rassemblée par le très romanesque Philippe Hayat. Zèbre très efficace et inclassable !

crowdfunding local (via des outils comme Bulb in Town), d'ouvrir un Compte-Nickel sans banque et surtout d'avoir accès à des méthodes pour faire connaître rapidement une activité balbutiante, tout en assurant une distribution efficace de leur offre. Rassembleur, ce Zèbre de tout son être est le furieux qui, en coulisses, a fait reculer le gouvernement – en mobilisant jour et nuit tous les assis de Paris[1] – lorsqu'il fut question de saborder le statut des autoentrepreneurs. L'objectif de ce bouquet ? (Re)donner à chacun les moyens d'entreprendre sa vie et permettre à tous ceux qui veulent une France d'entreprenants de se mettre au service des jeunes, des femmes, des retraités, des chômeurs pour les aider à passer à l'acte et agir pour et par eux-mêmes. Quel programme réjouissant !

Tous ces bouquets – portés par des caractères[2], on le voit – sont proposés aux municipalités qui souhaitent collaborer avec les outils de la société civile. Nous leur offrons ainsi d'authentiques « politiques clefs en main », sans qu'ils aient à cavaler derrière

1. Avec l'appui très ferme du jeune député socialiste Laurent Grandguillaume.

2. En terminant ce livre, je sors de la réunion fondatrice du bouquet mieux-logement piloté par Isabelle Larochette de la Fondation I Loge You. La qualité des Zèbres réunis m'a totalement bouleversé. Mais je fulmine de rage. Comment se peut-il qu'aucun gouvernement ne se soit appuyé à très grande échelle sur ces Faizeux-là, disposés à coopérer entre eux ? Compte tenu de l'ampleur du mal-logement français, c'est un scandale ! Les solutions immédiatement opérationnelles sont chez ces gens-là, et chez les Faizeux qu'ils coopteront. L'estime réciproque – ce carburant essentiel dont les législateurs se moquent – doit présider à la création des bouquets.

les meilleurs Faizeux. Mais demain, quand l'élection présidentielle de 2017 se profilera, nos bouquets constitueront le cœur même de l'alliance politique que nous proposerons aux partis républicains.

Ou ces derniers signeront cette alliance opérationnelle avec les Faizeux, ou la société civile agissante présentera son propre candidat. Moi ou un(e) autre plus capé(e), plus capable de mobiliser la France qui agit. Ce qui m'importe est de donner du pouvoir aux citoyens adultes, pas d'en prendre.

Une chose est certaine : la société civile ne doit plus signer de chèque en blanc aux partis déconsidérés. Fini de rire. Et elle ne se laissera plus berner par les grandes messes à l'Élysée où tel ou tel président joue l'écoute des Faizeux en les recevant pour que ses mini-Colbert gardent la main. Nous éviterons également le vieux piège habituel tendu par les politicards en rade : l'intégration dans un gouvernement de quelques « personnalités issues de la société civile ». Nous avons trop d'exemples signifiant l'inutilité notoire de celles et ceux qui, croyant pouvoir agir « de l'intérieur » (ah, le maudit alibi !), se sont en réalité fait digérer par un système administratico-politique qui eut presque toujours le dernier mot : celui qui autorise des changements marginaux et conforte l'éternel pilotage de bureaucrates se pliant aux « bleus » de Matignon, ces documents qui rendent compte de l'arbitrage du Premier ministre. « Bleus » qui en vérité résument neuf fois sur dix l'impossibilité du pouvoir français vertical à *faire confiance*. Les Corinne Lepage sincères, les Luc Ferry droits, les

Claudie Haigneré magnifiques, les Léon Schwartzenberg exemplaires, les Francis Mer résolus ont signé assez d'articles et de livres désespérants à l'issue de leur expérience gouvernementale pour que l'on n'aille pas replonger dans ce piège fatal : *Vous, les politiques..., On ne peut rien faire madame le ministre...* etc. N'allez donc pas croire une demi-seconde que me transformer en ministre de circonstance est concevable. D'avance, et je le dis du fond de mon cœur de patriote, ce type d'élévation apparente est impensable pour moi. Et si, dans nos rangs, certains d'entre nous se laissaient aller à cette promotion égotique, nous les abandonnerions à leur triste choix. Ras le bol également des *dispositifs* marginaux qui ne sont jamais à la hauteur des défis[1] ; de ces outils de com qui permettent de dire à la presse *On a quand même tendu la main à la société civile* ; et qui, pour finir, éludent la nécessité impérieuse de transférer d'amples pouvoirs et crédits aux Faizeux[2].

Au nom de la France que nous servons déjà, et en vertu de la légitimité d'action que nous incarnons chacun dans le domaine où nous œuvrons, il nous faut obtenir davantage, infiniment plus que quelques hochets ou poignées de main dans une garden-party à l'Élysée.

Le mouvement des Zèbres n'est pas né afin de glaner une poignée de maroquins illusoires et laisser,

1. Le dernier en date : La France s'engage...
2. Rappelons que pour ce qui concerne les Zèbres associatifs, les moyens publics accordés bénéficient d'un effet de levier de trois à cinq, en termes d'action, de par la mobilisation du bénévolat.

une fois de plus, les commandes réelles aux mini-Colbert qui pilotent les cabinets et les administrations centrales. Il a jailli des profondeurs de notre société malheureuse, écœurée de l'incapacité de ses partis, pour engager une vaste révolution solidaire, une césure historique, une révolution des pratiques, une formidable révolution culturelle, une révolution vraiment républicaine, de la confiance : une révolution française.

L'argent

J'entends votre question : Avec quels moyens réalisez-vous cette œuvre ? Quelle puissance inavouable se cache derrière votre élan civique ?

La réalité est à peine croyable : nos finances sont quasi inexistantes. C'est là notre immense force. Le mouvement des Zèbres est né d'une foi absolue en la créativité de la société civile, d'une passion totale pour les services que les Faizeux rendent déjà à notre pays et de la conviction que la renaissance française doit venir d'ailleurs que des partis ossifiés ; pas d'un carnet de chèques ou du désir obscur d'obtenir postes et prébendes. Pour cela, il y a d'autres adresses.

Quelque argent fut glané ici et là chez une poignée de mécènes – Xavier Huillard, une femme engagée aux conseils avisés, un cabinet d'avocats singuliers[1], le libraire Guillaume Decitre qui voulut montrer l'exemple – et une douzaine de très modestes donateurs de chèques qui m'ont arraché des larmes. Pour

1. Cohen Amir-Aslani, dirigé par d'authentique Zèbres !

le reste, je me suis mis à donner des conférences dans des entreprises et fis verser l'argent qu'on me proposait au profit de l'association Bleu Blanc Zèbre. Nous avions des frais incompressibles à couvrir : création de sites internet, etc. Un temps nous avons cru que nous pourrions payer notre délégué général à temps plein, Aurélien Sallé, qui a abattu avec son équipe un travail considérable dans notre aventure ; cela n'a été possible que de manière très très partielle. Dès lors nous avons fractionné les tâches, assumées gratuitement (ou quasi) par quantité de gens coordonnés par trois bénévoles exemplaires[1]. Le leadership de chaque bouquet est naturellement bénévole et tous les Zèbres sont financièrement autonomes. Notre comité de sélection réunit des compétences affûtées qui œuvrent déjà pour le pays[2].

Bien fragile tout cela, me direz-vous. Eh bien non !

Le civisme de tous ces irréguliers a suppléé aux moyens, l'envie a été plus forte que l'intérêt et la joie commune a tout propulsé.

Et puis, nous nous sommes souvenus les uns et les autres que pendant la dernière guerre personne ne se faisait rembourser ses notes de frais à Londres. Les gens donnaient ce qu'ils avaient à offrir au pays.

---

1. Haykal Soltani (responsable des relations avec les mairies), Ségolène Dugué (pilote des bouquets de solutions) et Véronique Yansane (assumant le suivi de mes innombrables démarches).

2. Thierry du Bouëtiez de Kerorguen (président du GNIAC), Jacques Malet (président de Recherches et Solidarités) qui vit à l'année à Nantes, tous deux grands spécialistes du monde associatif et/ou de l'ESS, Laure Drévillon (présidente de la Chaîne du cœur), Laurent Piolatto (coordinateur national de Lire et faire lire) et la jeune Julia Pantigny (volonté hors-série).

Voilà tout. Nous faisons de même. De tous ces volontaires de cœur je me sens donc l'obligé, non seulement parce qu'ils servent nos classes désemparées, mais aussi parce qu'ils me réconcilient avec l'Homme en cette période nauséeuse où les baisseurs de bras et les grands Diseux semblent dominer l'actualité.

Quant à moi, je travaille sans répit à travers notre territoire – oui, l'expression est exacte – en finançant mon engagement civique avec mes droits d'auteur. En somme, je rends au public ce qu'il m'octroie.

Naturellement, les soutiens financiers vont désormais affluer car ce qui nous reste à accomplir est colossal[1]. Difficile d'imaginer que nous pourrons modifier le centre de gravité politique français sans un minimum de professionnalisation, sans que se mettent en place des systèmes d'arbitrage technique au sein de chacun de nos bouquets et sans rassembler une armée de métiers (juristes, etc.) destinée à clarifier l'action de nos Faizeux. Difficile également d'imaginer que les Français, si ardents à oser envers et contre tout, ne seront pas fiers de participer à cette mobilisation historique de leurs propres talents, en payant leur écot ou, surtout, en prêtant leurs compétences à nos programmes. Mais de la phase héroïque de naissance de cette folle aventure civique, nous conserverons un indéfectible esprit citoyen, un sens joyeux de la gratuité !

Quant à notre volonté de mêler opérateurs privés,

1. Cela vient. On m'apprend que le fil d'information Morningstar – un outil de classement de portefeuilles, données, cours – vient de décider de nous soutenir.

publics et associatifs, elle pose la grande question de l'argent qu'il me faut aborder à cœur ouvert. Des entreprises purement commerciales ne tenteront-elles pas de s'immiscer chez les Zèbres pour vendre leur soupe repeinte habilement aux couleurs d'un mouvement de citoyens ? Saurons-nous distinguer les renards des Zèbres ? Disons-le tout net, c'est ce mode de pensée, cette prévention latente, qui est en partie responsable de notre panade collective. Quand on se fie au seul critère du résultat acquis pour venir à bout d'un problème d'intérêt général – même sur un segment –, il faut affirmer haut et fort que le réel fait surgir des solutions privées classiques, de l'économie sociale et solidaire ou collaborative, associatives et publiques très performantes. Parce que la société est composée d'individus qui ont des représentations de la vie et des rêves très différents – qu'il n'est plus temps de juger avec mépris. La France exténuée de soucis a-t-elle encore les moyens de se priver de tous ses muscles, de privilégier tel ou tel profil de citoyen capable, de laisser sur le côté de l'action politique une partie notable de ses *doers* ? Ceux qui récusent ce que j'écris ici raisonnent hors-sol, se laissent abuser par leurs passions et compromettent la renaissance de notre pays.

Bleu Blanc Zèbre est la maison des Faizeux de tout poil !

Souvenir numéro dix

Quel âge ai-je ce dimanche matin-là ?

Dix-douze ans. Mon père est au volant d'une voiture blindée qu'il s'est procurée chez Renault on ne sait comment. Pourquoi diable a-t-il acheté ce monstre invulnérable aux balles et aux roquettes ? Dans quel roman dingue s'imagine-t-il lorsqu'il pilote ces quintaux d'acier ? Nous filons sur une petite route de Seine-et-Marne pour aller faire des courses – gargantuesques, comme il se doit – à La Ferté-Gaucher. Je le sens immensément nerveux. Il vient de rallumer pour la dixième fois sa Gitane maïs, baromètre de son incandescence. Son angoisse vient de sa sécurité financière soudaine. Un contrat mirifique a fait de lui, Pascal Jardin, l'un des scénaristes les mieux payés de la place de Paris. Et il ressent cette entrée dans la sécurité comme une tragédie. Ne plus vivre au bord de la saisie et sans cesse traqué par le fisc l'a jeté dans une anxiété totale. Comme si le Zubial ne rayonnait que tondu, à sec et roulant sur les jantes.

Brusquement, il pile en rase campagne.

Les pneus crissent.

Papa dégaine son chéquier, signe promptement un chèque et se précipite dans une cabine téléphonique ; puis il revient radieux, enfin calme :

— J'ai glissé ce chèque en blanc dans les pages du bottin. Si quelqu'un le trouve, nous sommes ruinés, mon chéri ! Alors maintenant VIVONS !

Heureux, mon père redémarre et glisse une cassette de Beethoven dans l'autoradio : *Hymne à la joie* ! Son visage rayonne, exulte même. L'imminence du désastre l'épanouit. Inquiet, je balbutie :

— Papa, fais demi-tour. Récupère ce chèque.

— Non, mon chéri : la sécurité, c'est la mort !

Triomphant, ayant définitivement vaincu la peur, il accélère vivement. Son bolide extravagant nous emmène au-delà des deux cents kilomètres à l'heure sur cette route de campagne déserte. Et moi je sais qu'il me dit quelque chose, qu'être son fils c'est aussi dire non à la trouille. L'héritage qu'il me laissera ne sera constitué que de ce grand refus qui, désormais, fait partie de mon ADN.

Ce jour-là, nous nous sommes compris.

Depuis ce premier chèque en blanc abandonné à dessein dans une cabine téléphonique, je me souviens chaque jour que la pédale d'accélérateur est située juste à côté de celle du frein !

La stratégie politique des Zèbres

En 2017, que feront les Faizeux ?

Lorsque sera venue pour les partis discrédités l'heure de chercher des soutiens dans la société civile afin de se revêtir d'un halo de respectabilité, Bleu Blanc Zèbre proposera aux formations républicaines une alliance avec la société civile, un pacte avec tous les Faizeux ligués.

Nous demanderons non des postes mais de l'action concrète ; non des portefeuilles mais des missions ambitieuses pour arracher le pays à son état stationnaire ; non des facilités mais des difficultés à traiter. Soyons sans arrière-pensée : notre main ne serrera celle des partis que contre d'amples transferts de compétences, fondés sur notre légitimité d'action et dûment répertoriés. Plus question de cantonner la société civile qui se bouge à une force de proposition accompagnant le législateur dans sa définition traditionnelle du légal. Fini de rire. Les Faizeux veulent de toute leur influence que cette société civile devienne centrale dans l'exécution même des politiques, en fournissant à la nation des opérateurs réellement efficaces, respectés par la rue. Le pays est tombé trop bas pour que l'on se passe de leurs compétences.

La classe politique doit donc accepter de faire *contractuellement* alliance avec la société civile – pas en la récupérant de manière traditionnelle. Terminé de déguiser tel ou tel leader associatif ou patron performant en ministre otage du monstre administratif.

Nous demanderons poliment aux partis de signer des *contrats de mission* avec nos bouquets de solutions agglutinant des opérateurs de terrain : des compétences et des légitimités. Bleu Blanc Zèbre s'effacera alors pour laisser place à un collectif de bouquets de Faizeux. Une structure non institutionnelle, vouée au changement et à la remise en question chronique ; un outil civique à ossature numérique[1], animé par une logique franchement participative et collaborative ; tout le contraire d'une nouvelle administration pyramidale. Nous ne dirons pas aux gauches divisées, au centre compliqué et aux droites désunies « Signez et faites » mais « Signez et laissez-nous faire ». Laissez vraiment faire ceux qui savent faire : les Faizeux disposés à construire avec vous l'avenir ! Laissez-nous atteindre des objectifs essentiels pour faire renaître la France, afin qu'elle redémarre par elle-même, en mobilisant ses compétences ! Laissez-nous nous battre avec et pour la population en la rendant actrice de son rétablissement ! Laissez-nous

1. Nous l'appellerons très probablement lesfaizeux.fr.

agir sur le terrain sans faire usage de vos méthodes technocratiques !

Pour être très clair : notre première exigence est que nos bouquets de solutions conservent le pilotage technique intégral de nos *contrats de mission.* Pas question de refiler le bébé à une administration empesée ou de subir la tutelle d'un ministère classique ; ce serait agir lentement, coûteusement et enfin courir à l'échec. Ce point crucial ne sera donc pas négociable ; même si je sais que le combat sera rude car le mini-Colbert, même éclairé, reste dressé pour maintenir la société sous tutelle.

Chaque *contrat de mission* nationale comportera trois volets :

1) des objectifs chiffrés accompagnés d'une enveloppe financière pluriannuelle[1] qui permettra de flécher des crédits publics vers des opérateurs civils ou des morceaux de la fonction publique (nationale ou territoriale) qui se seront distingués par leur action de rupture. Nous mêlerons volontairement, je le répète, des Faizeux privés, associatifs ou publics (maires, fonctionnaires, etc.) ayant acquis une authentique légitimité ;

2) une liste très précise de verrous juridiques à faire sauter sans délai – par ordonnances donc – afin que nous puissions atteindre des objectifs d'intérêt général pour les Français. Un sujet récurrent ne pourra être évité : l'exceptionnelle nocivité des normes françaises

1. Les budgets annuels nés avec la Révolution sont des sottises qui blessent l'intérêt général. Ils ne correspondent à aucune action sérieuse, nécessairement engagée sur une certaine durée.

dont raffolent tant nos mini-Colbert qui préféreront toujours une règle à la confiance, un maquis de règlements qu'eux seuls maîtrisent à une solide poignée de main. Les citoyens pèseront de toute leur puissance contre les lobbies et chiens de garde qui aboient devant toutes ces normes. Individuellement, toutes sont justifiées, mais leur addition folle calcifie la France. La société civile constituée doit faire œuvre de pédagogie pour contrebalancer l'hystérie normative désastreuse qui suit chaque fait divers ou scandale monté en épingle. Une nation adulte ne peut durablement subir ces coups de fièvre médiatiques ;

3) un planning détaillé d'accompagnement administratif afin d'obtenir le concours effectif des pouvoirs publics dans l'accomplissement de nos missions. Nous anticiperons ainsi leur sournoise capacité à freiner et à recourir à leurs propres modes opératoires.

Mais il est un sujet emblématique de l'échec de l'État sur lequel nous nous battrons pour que la société civile reprenne intégralement la main et le leadership : la politique de la ville. Cette prétendue « action » qui, après un déluge de subventions et un raz de marée de politiques publiques imaginées (j'ai honte de dévoyer ce verbe) par les mini-Colbert, laissent *in fine* à la dérive de la République soixante-quatre quartiers sertis dans trente-huit villes[1]. Le bilan effroyable dressé par la Cour des comptes en 2012 est sans appel et est en réalité demeuré sans grand effet structurel, même si on a pu assister à une

1. Voir la remarquable enquête du *Journal du dimanche* du 25 janvier 2015.

réduction de la gabegie en limitant le saupoudrage hallucinant des crédits et l'empilement surréaliste des « zonages ». En vérité, on continue de raisonner *à l'intérieur d'un cadre inopérant en utilisant la méthodologie administrative qui a causé le problème*. Comme le disait Albert Einstein, « on ne résout pas les problèmes avec les modes de pensée qui les ont engendrés » ! Tant que ce naufrage pour notre République restera piloté par des comités interministériels et des préfets qui triturent des concepts qui, depuis quatre décennies, ne mordent pas sur le réel mais servent surtout de marqueurs politiques (mixité sociale impérative, fidélisation impossible des équipes éducatives, ZSP, ZUS, etc.), rien ne bougera sensiblement. La remarquable rénovation urbaine menée par l'ANRU a agi sur le dur, la rénovation des bâtiments, pas sur les liens sociaux, l'activité économique, l'aide aux devoirs, la joie réelle de vivre ensemble. Cessons de demander à des énarques qui croient sincèrement en leur mode opératoire (c'est probablement ça le pire) de traiter cette complexité qui n'est pas à leur portée. Même s'ils feignent de tendre la main au monde associatif, ils le gardent constamment sous tutelle. Il en va de même pour le monde économique, parfois consulté mais jamais réellement considéré comme un pilote à part entière. La politique de la ville est un sujet trop compliqué – surtout dans sa dimension affective – pour qu'on la laisse flotter au fil des lubies ou désintérêts des gouvernements successifs. La société engagée doit reprendre fermement le gouvernail grâce à un contrat de mission durable (sept ans).

Le président de Bleu Blanc Zèbre, Guillaume Villemot, est d'ores et déjà chargé de coordonner les ressources innovantes de nos bouquets afin que les Faizeux s'attaquent en 2017 – quand nous serons prêts à coordonner nos outils – au désespoir féroce de ces soixante-quatre quartiers avec l'appui de la population qui y vit et non... à sa place, en lui donnant accès à la créativité de l'ensemble de la société française. Nous ajouterons à cette liste un soixante-cinquième bastion du malheur, sans doute le plus déprimant de nos quartiers : nos prisons en rade où désespèrent aussi nos matons. Drôle d'homme que ce Guillaume au front vaste qui laisse de la place pour la promenade des idées contradictoires, libres, bigarrées. Gros estomac littéraire : pas moins de douze romans par semaine envahissent son imagination turbulente ! L'animal lit comme d'autres prennent de l'aspirine. C'est lui qui incarnera et dirigera l'offre de nos Zèbres, lui qui arrachera le dossier de la ville à l'incapacité publique. Mettre le paquet là où la République échoue avec constance sera notre honneur de citoyens insoumis devant la fatalité. C'est là où cela fait mal que portera prioritairement la révolution solidaire des Faizeux. Guillaume Villemot, animal churchillesque sous ses airs débonnaires, est le plus légitime d'entre nous pour animer ce transfert de l'action urbaine de l'État vers la société adulte. En tant que président des Zèbres, ce goinfre d'initiatives connaît mieux que personne nos compétences réelles. En tant que maire adjoint en charge du logement et de la gestion urbaine de proximité de la ville d'Asnières, Villemot fait partie des trop rares chefs d'entreprise qui ont réellement les mains dans ce cambouis-là. Par altruisme débridé. Récemment, de retour d'une virée dans un coin exténué de misère d'Asnières pour y dénouer une tragédie, il me cita cette phrase d'une habitante combative qui l'avait empoigné :

— Vous vous rendez compte, même les Français sont partis d'ici !

En tant que créateur du Festival des conversations, ce suractif sait depuis des années ce que faire parler les autres de manière constructive signifie. Et puis merde, disons-le, j'en ai assez qu'on se persuade que ces questions-là seront réglées parce qu'on les confie à un Mohammed, une Khedija ou à une Fadela !

Naturellement, j'entends d'ici les sans-courage, les désillusionnés de naissance et les génétiquement défaitistes qui diront : « Mais où voulez-vous donc trouver des crédits supplémentaires en période difficile de coupes budgétaires ? » Le deal financier que nous proposerons aux partis républicains sera fort simple : *Coupez autant de dizaines de milliards de dépenses publiques nécessaires que vous voudrez – ce n'est pas de notre ressort – mais investissez dans les Faizeux un ou deux milliards d'économies afin que l'on puisse organiser une* RÉVOLUTION SOLIDAIRE *entre citoyens pendant la phase de réorganisation dure (et indispensable) des finances publiques. Faites votre boulot difficile, mais donnez aux Français les moyens d'être solidaires pendant ce temps-là. Grâce aux programmes mis en œuvre par nos bouquets, nous ferons beaucoup avec très peu et rendrons au pays par la joie revenue de l'action des dizaines de fois cet investissement.*

J'entends également les rêve-petit qui soupireront : « Mais voyons, jamais les partis et les énarques n'accepteront d'être dessaisis de gros dossiers ! Vous les remettez en question fondamentalement ! » Pour être franc, nous ne laisserons pas trop le choix à ces experts de l'échec. S'ils se montrent un peu durs d'oreille, nous commencerons par récolter cinq cents signatures de maires furibards et haïssant les mini-Colbert (ça ne manque pas sur le marché, nombreux sont ceux qui me l'ont déjà fait savoir. Tous hors partis et Zèbres de cœur !) et nous irons à l'élection présidentielle. Et nous verrons bien alors, le soir du premier tour, si les Français feront plus confiance à des Faizeux ou à des Diseux ! À des citoyens compétents qui, depuis longtemps, prennent fraternellement soin des autres ou aux candidats de machines vouées à la conquête du pouvoir institutionnel ! Aux gens de terrain qui ont acquis jour après jour du crédit moral ou à ceux qui n'en ont plus guère !

La presse, bien entendu, s'interrogera légitimement sur la crédibilité de notre famille ; sans se rendre compte que MM. Hollande et Sarkozy ont, chacun avec une étonnante assiduité, inversé la charge de la preuve. Les partis classiques n'atteignent désormais plus ce fameux seuil de crédibilité que pour une partie de la presse parisienne. Ces sornettes hautaines n'intimident plus la rue française. Le fond du peuple a intégré que les énarques socialistes ou de la droite tranquille sont à peu près inaptes à redresser le pays ;

on leur a suffisamment laissé le temps de le prouver. Et notre force, c'est ce que nous faisons tous déjà.

Mais qu'il n'y ait pas d'ambiguïté : aller à l'élection serait pour les Faizeux le signe de notre échec ; car notre objectif politique est bien d'établir une alliance entre les partis républicains et la société civile qui bouge les lignes, une alliance contractuelle qui fera battre la fille Le Pen au second tour de 2017 par le(s) candidat(s) de la République inclusive. Au nom du « front républicain » ? Non, au nom de la France sûre de sa devise et de son identité, de la France qui ne peut pas rester elle-même en devenant la patrie de la peur de l'autre et du repli mortifère !

Si les partis délabrés ou inspirant peu confiance signent cette alliance détaillée, il deviendra décent (à défaut d'enthousiasmant...) de voter pour ces formations – chacun selon sa sensibilité – car nous aurons arraché trente ou quarante sujets de l'action publique classique à effet marginal des mains des cabinets inefficaces. Nous aurons ainsi commencé à faire de la France une société d'adultes responsables, composée de citoyens capables de se prendre en charge par une action structurée autour de bouquets de solutions ayant fait leurs preuves.

Et nous aurons gagné en vérité l'élection présidentielle de 2017. En refaisant de la joie un mot français !

Aucune tractation avec les partis républicains n'est actuellement en cours. Volontairement. Nous n'engagerons cette bataille qu'en position de très grande force – une fois nos alliances multiples scellées, nos stratégies numériques déployées et nos bouquets de solutions solidement fédérés – et ne déterminerons notre calendrier d'action politique qu'après que les partis inchangés auront effectivement pris conscience de leur incapacité à vaincre le Front national avec certitude sans une alliance contractuelle avec la France qui agit. Les prochains scrutins, hélas, devraient les y amener, étape par étape.

Répétons-le : le chèque en blanc à un président cerné de hauts fonctionnaires hors-sol, quel qu'il soit, ce n'est plus possible. Terminé ce haut délire ! Place aux Faizeux associés !

Mais aux Faizeux surveillés de près par la nation.

Hors de question de réclamer à notre tour un chèque en blanc. Tous les six mois se tiendra donc une Conférence citoyenne destinée à présenter au pays les résultats obtenus par les bouquets. Mise au pied du mur, la France disposant de contrats de mission aura ainsi l'occasion de prouver qu'elle n'est pas composée que de Diseux !

L'adieu à de Gaulle

Nous voulons changer d'époque, quitter le long cycle historique – de mille ans – qui a vu la France être avant tout un État et non une société.

Quelle émotion de recommencer notre pays à l'aube du XXIe siècle ! Et de participer à la relance du roman français !

Quelle extraordinaire opportunité nous est offerte, à vous, à moi, à nous tous, de vivre pareil changement identitaire !

Sommes-nous prêts à une telle renaissance ?

Et à inspirer de nouveau l'Europe ?

Nombreux sont ceux qui resteront boulonnés à l'ancien rêve, à l'espérance séculaire que l'État nous sauvera sans que nous ayons à grandir. Je ne leur en veux guère car cette idée formidable eut sa part de grandeur et ses héros vibrants. Je les ai tous aimés fiévreusement. Ils m'ont fabriqué, ont façonné mes rêveries, modelé l'idée que je me suis longtemps faite, moi aussi, de notre France universaliste. Mais l'heure poignante est venue de dire adieu aux Clemenceau sépia, aux Napoléon successifs, aux tribuns républicains saisissants, à tous nos monarques qui firent l'État et surtout au plus grand d'entre tous, celui qui le rétablit dans sa grandeur, celui qui reste pour moi un professeur de liberté : Charles de Gaulle.

Charles, tu as longtemps été l'État, nous tes enfants serons la Société.

Parce qu'il faut bien désobéir au vent mauvais du destin.

Nous n'avons plus le choix.

L'Histoire ne produit plus de pères se souvenant que la France a fait ce pacte séculaire avec la grandeur, seulement des imitateurs dérisoires de ta silhouette, alors devenons vite des frères et des sœurs actifs en nous faisant confiance.

Il nous faudra bien sortir du piège d'une identité inappropriée au siècle fascinant dans lequel nous allons, tous ensemble, faire rayonner la France.

Tes successeurs pâlichons ont été imprévoyants, renards et puérils, incapables de garder la maison commune. Ces sagouins inaptes à *se tenir droits et à viser haut*, comme tu le disais, ont ruiné ton État, l'ont voulu si grand qu'ils l'ont abaissé. Quand bien même nous le voudrions encore, ce ne serait plus possible. Désargenté, ton État rapiécé, vivant d'expédients et des épargnants chinois, ne parvient même plus à assumer ses tâches régaliennes. C'est fini. Le bas de laine des peuples industrieux ne financera pas toujours nos dénis. Un petit point de croissance (si on l'atteint !) et 2 000 milliards de dette interdisent de penser comme avant, brûlent toute possibilité de retour en arrière. Nous ne pouvons plus faire confiance à un État désormais impécunieux et inefficace, et c'est ce dernier qui devra bien nous faire confiance.

Souvent, tôt le matin, je pars courir jusqu'à toi, jusqu'à cette statue érigée dans le bas des Champs-Élysées. Dans la lumière horizontale du soleil se levant derrière les Invalides, tu m'apparais vertical. Mais tu as fait ton temps, cher et grand Zèbre à képi que j'adore comme un père. Ta vision sublime de l'État, ordonnateur du bien public et acteur central de l'intérêt général, après nous avoir longtemps portés, nous handicape désormais, empêche chacun de devenir soi. Nous ne conserverons de toi que l'essentiel, ce qui fructifiera éternellement chez les fous de vie : ta splendide manière d'être, de dire radicalement *non* à la fatalité, ton esthétique de l'audace et du désintéressement absolu. Et ta folle capacité à faire taire tes propres opinions pour mieux aider notre peuple à accomplir son génie.

Ce matin, tandis que ta haute statue toise Paris en train de s'éveiller, j'ai soudain envie de te rassurer. Ne crains pas ce que nous allons faire. La France à qui nous disons adieu et dont tu fus le dernier héraut était devenue triste, regimbeuse et ressentimenteuse. Même si par moments nous en serons nostalgiques, il faut que cette râleuse endettée nous quitte !

Pour ce qui compte vraiment – l'amour, la grande politique, la vie de famille – je ne crois qu'au baromètre de la joie. Quand une histoire ne produit plus aucune joie entre les êtres, l'essentiel est mort. Ainsi en va-t-il dans tous les domaines. La joie – pas la gaieté, son sous-produit – est le grand carburant du monde. Notre Révolution française fut avant tout une joie phénoménale, tout comme la pensée des Lumières, et ta France libre, qui fut une extraordinaire fièvre. Toutes les idéologies qui ont brassé le globe ont également fabriqué des joies prodigieuses, d'où leur force illimitée.

Nous, les Faizeux, nous allons enfourcher une joie politique sans idéologie. La joie civique comme facteur de changement ! En regardant le champ de ruines de nos partis, que tu ne portais guère dans ton cœur, je me suis soudain dit : quel plaisir peuvent avoir ces pauvres gens à poursuivre de tels combats de chiens, à se couper de leur puissance de jubilation ? Il est impossible qu'ils s'épanouissent ainsi, que leur cœur profond y ait réellement sa part. Qui, au PS ou à l'UMP rebaptisée, jouit actuellement, exulte jusqu'au ciel ? Comment peuvent-ils imaginer embarquer la nation sans l'indispensable joie qui empoigne ? Toi, tu éprouvais une joie ahurissante à être français, Mandela à délivrer les Afrikaners de leur inhumanité ou sœur Emmanuelle à nourrir les gamins du Caire. L'intensité de votre fièvre, de votre élan joyeux (au sens parfois quasi religieux du terme), fut votre véritable levier. Vouloir agir sans se brancher sur cette source magique d'énergie est à la fois une folie et une imbécillité. Dès que l'on a accès à la vraie joie en soi – pas à la gaieté sautillante, j'insiste –, on devient difficile à vaincre car on agit, comme malgré soi, sur la partie haute des autres.

Précisons bien les choses, mon vieux Charles. Par joie, j'entends non pas l'aptitude aux pitreries mais la part de ciel qui émane d'une cantate de Bach, du rire frais d'un bébé, d'un acte authentiquement généreux. Toute joie réelle est étrangère à la peur ; elle se rit de nos poltronneries, de nos mesquineries recuites. La joie contagieuse donne accès à la vraie vie. Naturellement, c'est le véhicule politique le plus dangereux. Le communisme policier, embrigadeur et criminel est né d'une jubilation entière à l'idée de dire non à l'injustice. La fièvre raciste du nazisme fut, hélas, ô combien hélas, une joie furieuse pour tout un peuple enlisé dans l'impuissance face au réel. Ainsi en va-t-il de l'islamisme meurtrier qui phagocyte nos jeunes les plus ardents. Les joies identitaires ne sont jamais loin du pire. Mais elles sont parfois des floraisons, des rebonds, des fiestas. Quand tu as crié du haut d'un balcon montréalais « Vive le Québec libre ! », c'est une joie frissonnante, ample et féconde que tu as libérée.

Eh bien c'est en engageant ce même type de joie que nous allons agir pour la France, en remisant nos griefs (même légitimes) pour laisser chanter nos enthousiasmes ! Nos Zèbres consentent à devenir des porteurs de joie, je le sais. Ils vont déshabituer ce vieux pays à faire de la politique sans bonheur, inciter les gens par leur propre exemple à se convertir à leurs désirs, à chevaucher ardemment leur culot ! Et vous qui me lisez, laissez comme tous les Faizeux jaillir de votre cœur la joie d'agir soi-même, localement, quand les élites font à ce point défaut ! Renoncez à l'inaction mortifère, à l'incantation sans portée et à l'indignation stérile. Portez haut vos emballements et, le plaisir au ventre, passez à l'acte dans vos territoires, là où vous vivez et pouvez prendre du plaisir avec les autres !

Ne vivons plus une époque de nuls, de peine-à-jouir et de fâchés avec l'extase. Joie ! Joie ! Joie ! Et la France recommencera.

Ce volume a été composé et mis en pages
par ÉTIANNE COMPOSITION
à Montrouge.

Impression réalisée par

CPI
BRODARD & TAUPIN

La Flèche
en mars 2015

Dépôt légal : avril 2015
N° d'édition : 54418/01 – N° d'impression : 3009999
Imprimé en France